美加十万里行记

Thirty
Thousand Miles
in the United States
and Canada

撰文：戴　凡
摄影：保继刚

商务印书馆
THE COMMERCIAL PRESS

路 线

美加十万里行记

THIRTY THOUSAND MILES IN THE UNITED STATES AND CANADA

美加十万里行记路线图

旅 程

美加十万里行记

THIRTY THOUSAND MILES IN THE UNITED STATES AND CANADA

起点

美加十万里行记

THIRTY THOUSAND MILES IN THE UNITED STATES AND CANADA

出发前一刻（美国纽约州首府奥尔巴尼）

作者一家在摄影·游记展开幕式上（广州）

作者参加美国地理学家年会（美国）

象征

美加十万里行记
THIRTY THOUSAND MILES IN THE UNITED STATES AND CANADA

奥尔巴尼的州政府大楼（美国）

不列颠哥伦比亚省总督府（加拿大）

自 由

美加十万里行记
THIRTY THOUSAND MILES IN THE UNITED STATES AND CANADA

自由女神远眺曼哈顿（美国）

千岛的心岛（美国）

纽约

美加十万里行记

THIRTY THOUSAND MILES IN THE UNITED STATES AND CANADA

纽约（美国）

纽约中央公园的中国画家（美国）

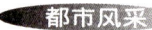 都市风采

美加十万里行记

THIRTY THOUSAND MILES IN THE UNITED STATES AND CANADA

洛杉矶城（美国）

温哥华（加拿大）

白宫（美国）

波士顿（美国）

美加十万里行记

THIRTY THOUSAND MILES IN THE UNITED STATES AND CANADA

拉斯维加斯之夜（美国）

芝加哥夜景（美国）

拉斯维加斯即将竣工的纽约·纽约酒店（美国）

文化

美加十万里行记

THIRTY THOUSAND MILES IN THE UNITED STATES AND CANADA

旧金山艺术宫
（美国）

罗德奥，好莱坞附近昂贵的商业街
（美国）

奥兰多迪斯尼民族街一景
（美国）

 美加十万里行记

THIRTY THOUSAND MILES IN THE UNITED STATES AND CANADA

米老鼠（美国）

海洋世界夏威夷女郎（美国）

美加十万里行记

THIRTY THOUSAND MILES IN THE UNITED STATES AND CANADA

奥兰多海洋世界（美国）

奥兰多锦绣中华

奥兰多未来世界唐人街

历史再现

美加十万里行记

THIRTY THOUSAND MILES IN THE UNITED STATES AND CANADA

70年代将人送上月球的火箭实物
火箭长110.64米、底部直径10.06米（美国）

备有残疾人服务设施的游览车（美国）

得克萨斯州的六面旗：
西班牙、法国、墨西哥、得克萨斯共和国、南部联邦、美国（美国）

杰作

美加十万里行记

THIRTY THOUSAND MILES IN THE UNITED STATES AND CANADA

科罗拉多大峡谷（美国）

空中鸟瞰科罗拉多大峡谷（美国）

总统山（美国）

美加十万里行记

THIRTY THOUSAND MILES IN THE UNITED STATES AND CANADA

旧金山唐人街报摊（美国）

芝加哥唐人街（美国）

纽约唐人街（美国）

美加十万里行记

THIRTY THOUSAND MILES IN THE UNITED STATES AND CANADA

粗可过车的红杉树（美国）

旧金山金门桥（美国）

红杉树国家公园（美国）

 海滨 火山

美加十万里行记

THIRTY THOUSAND MILES IN THE UNITED STATES AND CANADA

波特兰海滨（美国）

圣海伦火山（美国）

商业文化

美加十万里行记

THIRTY THOUSAND MILES IN THE UNITED STATES AND CANADA

亚利桑那沙漠中的直销店 （美国）

快餐店的竞争：汉堡王和麦当劳 （美国）

前　言

这是地理学家的一个梦。

戴凡： 从事大学英语教学的我，在90年代初到英国进修的一年里，对西方文化产生了浓厚的兴趣，终于在回国工作两年后决定自费留学，学的就是先生天天鼓吹的地理——不仅是因为平时对地理耳濡目染，而且已身不由己地参加到先生的旅游地理研究中，更因为想进一步了解代表着西方文化一个重要部分的美国；幸运的是，我同时有多次机会出入它的邻居加拿大。求学的生活紧张而丰富多彩，却不乏独处的时候。我禁不住拿起笔，写下了美国、加拿大给我的印象、给我的思考……

保继刚： 当我在1992年第一次踏上美国国土参加第27届国际地理大会时，就被北美的自然和文化景观深深吸引。作为一个职业地理学家，环美考察自然成了梦想。实现梦想的机会终于来了。1995年夏季，我参加了加拿大国际发展署资助的一个中加合作项目的研究，赴温哥华半年，随后又在美国美中学术交流基金的资助下，到妻子所在的美国纽约州立大学作半年访问研究，之后又到加拿大的滑铁卢大学做了半年研究。所有这些经历使我有机会充分地在美、加两国游览、考察。

戴凡、保继刚： 几乎是在出国的那一刻，我们就被一个庞大的旅游考察计划激动着，很快就适应了环境，买车、学车、与在美、加学习和工作的朋友联系，做旅游考察计划……

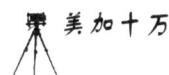美加十万里行记 THIRTY THOUSAND MILES IN THE UNITED STATES AND CANADA

呈现在大家面前的就是我们美、加十万里考察的部分照片、游记和随想，我们希望与大家一起分享这份难得的经历，也希望以此给大家提供一个了解美、加文化的角度。

感谢一路上给我们支持的同学和朋友。在做考察计划时，我们请刚结识的南卡罗来纳大学著名旅游地理学家 Lisle Mitchell 教授帮我们订一个便宜的住处，他回电说，"我能给你们找到的最便宜的地方是我的家。"这也是我们沿途打扰过的朋友给我们的帮助。实际上，所有朋友都对我们实行了"三包"：包吃、包住、包导游。这些朋友是: Gail Plawsky 和 Joe Plawsky，Kathy Wood 和 David Wood，Kathleen Dalton 和 Martin Dalton，Kim O'Brien 和 Dick Melita，Bill Marcus，Don Rickerd，Piper Gaubatz，林初升、李婴、邢幼田、张丽萍、孙洛佳、李高社、周黎明、钟海谟、陈永勤、管琳、王初鸣、卢虹、杨云彦、谢剑、李懿丽、高豫功一家、周宇一家、李兆庭一家、王峥一家、林贤暖一家、张斌一家、金维根一家、温健一家、柳林一家、王天喜一家、王小雷一家、黄伟红一家、黄苹一家、祖志飞一家、俞孔坚一家、蔡舒一家、陈怀生一家、陈逊一家、侯锋一家。没有他们的支持，以我们的财力去完成这次考察是不可能的。

感谢广州世界大观股份有限公司对"美加十万里行记"摄影、游记展的赞助。

感谢广州艺美形象摄影制作有限公司的精心制作。

感谢高明市长远房地产旅游开发有限公司对本书出版的赞助。

感谢母亲黄迪仁7年多来对我们儿子的抚养，使我们能在国内、国外安心于我们的追求。

前言

母亲在参加我们的摄影、游记展不久后去世了,我们用《妈妈,我爱你》代后记,以寄托我们的哀思和怀念。

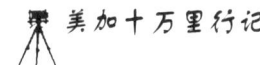 THIRTY THOUSAND MILES IN THE UNITED STATES AND CANADA

Preface

This is a dream coming true for a geographer.

Fan Dai: Having taught English at Zhongshan University, I had the chance to further my studies in Britain in 1991. The one-year experience reinforced my interest in Western culture, so much so that I decided to go to the United States two years after I came back to China. I went as a student, studying geography which I had heard so much of from my husband ——not only because I came to know quite a bit of it, but also because I had been involved in some of my husband's research. In addition, I wanted to get to know the United States which represents an important part of Western culture. I was lucky enough to be able to see a lot of its neighbor, Canada as well. The life of a student was both stressful and colorful. However, there was no lack of time for meditation. These two wonderful countries gave me so much to feel and so much food for thought that I had to begin writing about my experiences.

Jigang Bao: When I first set foot in the United States in 1992 to attend the 27 th International Geographical Conference, I was very much taken by the country's natural beauty and cultural landscape. As a professional geographer, I couldn't help cherishing the dream of surveying this wonderful land some day. My dream would come true in the summer of 1995. I went to Vancouver, Canada for a cooperative research project sponsored by the Canadian International Development Agency (CIDA). Half a year later, I joined my wife who was

前 言

studying for her M.A. degree in human geography at the State University of New York at Albany. I was a visiting scholar there for six months under the auspices of the Committee on Scholarly communication with China (CSCC). Then I spent another half a year at the University of Waterloo to further my studies and research on tourism. Such opportunities allowed me to travel extensively in both Canada and the United States.

Fan Dai, Jigang Bao : The moment we went abroad, we were excited by an ambitious plan to travel and study. After a short period of adaptation, we bought a car, learned to drive, started making contact with friends, and laid plans for our North American odyssey.

Presented here are some of the pictures we took and travel accounts as well as some essays we wrote in the United States and Canada. We would very much like to share our experiences with everyone. We hope these would help Chinese understand more of the cultures of the United States and Canada.

We are very much indebted to friends who gave us all kinds of help along the way. While we were planning the trip, we e-mailed Professor Lisle Mitchell, a professor of geography at the University of South Carolina and an international expert in tourism research, hoping he could guide us to a reasonable hotel room when we got to Columbia, South Carolina, where he lived. He wrote back telling us that the most inexpensive place for us would be his home. That was the same kind invitation we received from all the friends we contacted before the trip. They put us up, they fed us, they showed us around. Those friends are: Gail and Joe Plawsky,

Kathy and David Wood, Kathleen Dalton and Martin Dalton, Kim O'Brien and Dick Melita, Bill Marcus, Don Rickerd, Piper Gaubatz, George Lin, Ying Lee, Liping Zhang, Roger Sun, You-tien Hsing, Gaoshe Li, Raymond Zhou, Mike Zhong, David Chen, Lynn Guan, Chuming Wang, Cindy Lu, Yunyan Yang, Jian Xie, Wilson Chen, Jennifer Zhang, Yili Li, Yugong Gao and his family, Simon Lee and his family, Zheng Wang and his family, Xiannuan Lin and his family, Bin Zhang and his family, Weigen Jin and his family, Jian Wen and his family, Lin Liu and his family, Tianxi and his family, Xiaolei Wang and her family, Christina Huang and her family, Ping Huang and her family, Zhifei Zu and her family, Kongjian Yu and his family, Shu Cai and her family, Xun Chen and his family, Yu Zhou and her family, and Feng Huo and his family. Without their kindness, we would not have been able to complete the trip with our limited resources.

Our deepest gratitude goes to Guangzhou Grand World Scenic Holdings Co., Ltd. which had sponsored the exhibition of photos and travel accounts of our thirty thousand miles in the United States and Canada; to Guangzhou Perfect Images Co. Ltd. for its excellent studio work; and to the Long-run Tourism Real Estate Development Co. Ltd. of Gaoming City for sponsoring the present book.

We are most grateful to our mother Diren Huang, who took care of our son for more than seven years. Without her love and help, we would not have been able to achieve what we have.

Mother passed away shortly after taking part in the opening ceremony of our exhibition. We put in "Mother, I Love You" as postscript in memory of her.

文章目录

1	1	美国的高速公路
6	2	过境
11	3	奥尔巴尼——帝国州的象征
16	4	纽约·百老汇
22	5	走近波士顿
27	6	华盛顿D.C.的出租车司机
32	7	奥兰多之旅
37	8	奥运会之外的亚特兰大
41	9	新奥尔良
46	10	休斯敦：航天中心和其它
51	11	热辣辣的美国
55	12	美国的峡谷
58	13	拉斯维加斯：一"睹"为快
65	14	加利福尼亚州一览
69	15	国家公园·红杉林
72	16	平平静静波特兰
76	17	圣海伦火山
78	18	西雅图：风景这边独好
80	19	露营
84	20	黄石公园：不仅仅是老忠实泉
88	21	闻名遐迩总统山
90	22	芝加哥印象
93	23	西进纪念碑
95	24	水·大瀑布
98	25	温哥华：过日子的好地方
101	26	大都市多伦多
107	27	千岛的故事
113	28	春来了

116	29 永远的秋天
118	30 冬天的感觉
121	31 美国的大学
125	32 美国的买卖
129	33 美国的连锁服务
132	34 做旅游学问的人
137	35 我的房东
141	36 比尔的故事
147	37 不分不离的两口子
151	38 读书不分先后
155	39 妈妈,我爱你(代后记)

文章插图目录

1 美国机动车协会在奥尔巴尼的办事处
2 高速公路休息处（美国）
3 奥尔巴尼的帝国州广场（美国）
4 纽约州立大学奥尔巴尼分校（美国）
5 纽约百老汇（美国）
6 作者与王洛勇在百老汇剧院化装室（美国）
7 华盛顿纪念碑（美国）
8 奥兰多迪斯尼（美国）
9 亚特兰大的可口可乐总部（美国）
10 新奥尔良的长达38.4公里的跨海大桥（美国）
11 新奥尔良的法国街区（美国）
12 月球车（美国）
13 航天飞机（美国）
14 有4000多个客房的米高梅大酒店（美国）
15 海市蜃楼大酒店（美国）
16 加州迪斯尼（美国）
17 红杉树国家公园（美国）
18 波特兰海滨（美国）
19 火山喷发后残留的树桩（美国）
20 露营（美国）
21 喷发中的黄石公园间歇泉（美国）
22 西进纪念碑（美国）
23 温哥华（加拿大）
24 多伦多CN塔，高555.33米（加拿大）
25 作者与扎维科恩岛的主人唐（加拿大）
26 "心岛"的船房（美国）
27 冬（加拿大）
28 西点军校（美国）

IX

29 瓦沙学院的图书馆（美国）
30 在家庭旧货摊购物（美国）
31 史密斯教授（加拿大）
32 巴特勒教授（加拿大）
33 金和迪克的大房子（美国）
34 比尔（美国）

1 美国的高速公路

早就听过不少人感叹美国的高速公路如何无边无际，直到自己开车绕美国走了一圈，才懂得一点这里的公路文化。

美国各州都有不同的限速。尽管近年来大多数州已把时速提到65英里，但真正按着去做的人却很少；交通警察里也有个不成文的规定，一般不抓每小时超速5英里的人。于是惜时如金的美国人有恃无恐，哪有不利用这"优惠"时速的道理？美国人是守法的，只因犯点什么事不但要受罚或进监狱，而且还可能后患无穷；但唯有超速容易逃脱，即使偶然被抓住也仅是罚款了事。所以，只要有个领头的，后面的车绝对会"呼呼"地跟上去。大家都理直气壮地想：法不制众，何况不跟着车流走无异于阻碍交通！警察对这支天天如此的犯法大军无计可施，只有采取杀一儆百的方式。被抓住的唯有自认倒霉，逃脱的则"哦噢"一声，既对别人表示同情又暗自庆幸有人做了替死鬼——放慢一点速度以示对法制的敬意，不一会又故态复萌。也许，人生来就有越轨的本能，美国人总算在开车时找到知法犯法又能逃之夭夭的突破口了。

公路上的限速同时不失为衡量经济发展的指标。发达的东部和西部沿海的时速怎么也不会超过65英里，而人烟稀少、经济活动较少的南部沙漠地带的限速则是每小时75英里。西北部较贫困的蒙大拿州更绝，干脆不设限速，有种的就大胆开吧！不过，公路上的限速牌可没这么说，而是巧妙地只写出晚间限速。另外，不知为什么，东北部的公路收费的较多，收得最狠的要数纽约市，光是过桥费来回就要7美元。如果不小心走错了路，就要多付一次买路钱。

美加十万里行记　THIRTY THOUSAND MILES IN THE UNITED STATES AND CANADA

经常开车长途旅行的人，恐怕没有不加入美国机动车协会（AAA）的。这个遍布美国大小城市和加拿大许多城市的组织对会员免费提供美国、加拿大各地地图、旅行指南；其咨询员还会不厌其烦地给会员设计旅游线路。如果会员的车在路上抛锚了，只要给机动车协会打个电话，就会有拖车来救驾，距离不长的话，这种服务还会免费。如果哪个会员的汽油用完了，机动车协会也会免费送两加仑汽油救急。当然，这些服务并不都真的免费，因为会员都要交年费。对于老是在路上跑的人来说，机动车协会无疑是个可以依赖的后盾。

美国各州的州际观念都很强，每进入一个新的州总会在第一时间见到"某某州欢迎你"的牌子，紧接着就有一个接待处，免费提供该州的概况资料、吃住指南，更有到各种消费场所的降价礼券。盛产橙子的佛罗里达州还别出心裁，除了出售到奥兰多各主题公园的特价票外，还给来客供应免费的冰冻橙汁，使一路风尘的旅人印象深刻。一些旅馆也在接待处附设订

房服务,除标明自己的地点、服务设施以外,还可让顾客直接打免费电话订房。

每隔几十英里,汽车旅行者都可以到途中休息处伸伸腰腿。由于气候的缘故,冬天较长的北方的休息处设在室内,里面有大大小小的餐旅服务;而温暖的南方的休息处往往是平坦清新的绿地和石桌凳加自动售货机。许多地方都辟有专供随主人旅行的宠物散步的场所。建立在汽车上的美国为国民的考虑不能说是不周到的了。

开车旅行的最大好处之一莫过于行动的自由了。看到哪一处的景色不错,随时可以停车欣赏、拍照一番;或是看到路标提示快要到某地了,如果一时冲动想去看看,调调方向盘就成了。我们第一次开车长途旅行,就是在看到大西洋城的路标后临时决定去领略赌城风光的。

高速公路边最能吸引人的,大概要算厂家直销店了——生意人别出心裁地在没有人烟、地价便宜的地方建起大型的厂家直销中心，往往以零售价的50％出售同等商品。这对开车开得发闷的旅行者无疑是很有吸引力的。直销的商品一般都是名牌，只要是进商店的，就没有抵挡得住低价诱惑的。

连续好几个小时开车是很单调的事，也难怪人不超速，好结束那没完没了的旅程。只要稍注意一下，就会发现路上有的车会从右车道换到左车道，又从左车道回到右车道，如此反反复复，一下子就窜得无影无踪。在交通不那么繁忙的时候，右车道是慢车道，左车道多是超车用的。如果总是单独在左车道上，就很容易被警察抓住，所以有经验的人喜欢一左一右地轮换，既减少了被抓的可能，又多少消除了一点旅途的无趣。

我们40多天的旅程时间安排得很紧，有时一天要开十几个小时的车，自然少不了要超速，所以总是紧随一两辆开得飞快的车——根据观察，警察往往只来得及抓"首犯"。果然一路无事。

旅行结束前两天，我们如法炮制地跟在两辆速度不俗的车后，忽见有人在前面示意我们开到路边去，定睛一看是警察，方知大事不妙，同时不明白那个骑摩托的警察为什么一下子能把我们3辆车截下来；再回头一看，只见一辆晃着紧急灯的警车正直扑过来——原来两个警察前呼后应！一时间，我不禁产生一种"法网恢恢，疏而不漏"的感觉。不一会，警察上来亮出身份证，我们本能地要开门下车以示认罪态度良好。警察却示意我们拉下车窗玻璃别出来(后来我们才知道这是预防肇事者动武的措施)。

"根据我们的测量，你们在65英里限速的公路上的时速是76英里。"警察表情很不丰富地说，随后回到警车上写罚单。

美国的高速公路

  我们面面相觑：这下糟了，以前听说超速是罚款最厉害的一项，一般都达140美元，最少也要80美元。就算取个中间数，我们还不得拿出100来美元？沮丧间，警察又上来，递过罚单，"我把你们的时速从76英里减到75英里，"他以酬宾的口吻说，"说实话，现在很少有不超速的，但你们3辆车太显眼了，连续在左道上超速好一段时间，出事可不是好玩的！"我心不在焉地点着头，眼睛迅速地在找罚款数目——居然只罚40美元！我抬起头，喜出望外地对警察连声道谢，警察大概还没见过这么感恩戴德的认罚者，同情有加地说："你们快走吧，路上一定小心！"

  虽说罚款数目比想象的要少，但毕竟是罚款，让人在违法的不良感觉之上还心疼那点本来可以派更好用场的钱。一时间车开得灰溜溜的，标标准准地走着65英里的时速，任由一辆辆车从左侧超过。"嘿，别愁眉苦脸的了，这一罚，我们在美国的公路旅行经历就都全了。"我终于找到了心理平衡。

  "可不是，"先生接话道，踩了踩油门——超速5英里！

2 过境

在纽约州快1年,早就想着到近邻加拿大看看,但往往不是太忙就是时间不合适,老也没去成。

1995年8月底我应邀到美加边境的千岛地区开会,才得以公私兼顾地如愿以偿。

兴致勃勃地坐上"灰狗",喜滋滋地看着夏天的景色扑面而来。自然的美景和对千岛之行的憧憬,使我大大地兴奋起来,不由得去掏小挎包里的眼镜。朦胧中,我看到了包里的眼镜盒;与此同时,一种不祥的感觉涌上心头:好像没带护照!

神经紧张地把只有两个隔层的小包翻了一遍,果然没有!脑子里一下闪过自己临行前匆匆把装着护照的黄皮信封随手放回抽屉的一幕。

有一两分钟,我麻木地呆坐着,窗外的景色一下子没了生气。我开始恨自己,但很快意识到这种自我折磨毫无意义;下一个念头就是到边检站再说,争取说服边境人员。再一想又觉得自己未免太幼稚:美国、加拿大都是法制国家,出入境没有护照、签证不是开玩笑吗?

马上下车是不可能的,更何况有人在美国的边境城市水城等我。唯一的希望就是在锡拉丘兹等换车的近两个小时里往加拿大打电话,如果接我的人还没出门,就让他先别来,我则从锡拉丘兹回奥尔巴尼取护照——但愿当天还有车回去。

在千百种回去取护照的计划和与边境人员交涉的想象中,我终于在下午5点多到了锡拉丘兹。赶紧打听是否有车回奥尔巴尼,回答是有;马上往加拿大打电话,但轮番把对方给的3个号码拨了十几遍,结果都是没人接。

过　境

在越来越沉重的绝望中拨着电话过了1个多小时，我还是登上了去水城的车：自己已经酿成大错，不能再让接我的人白等啊。

受煎熬般又坐了近两小时，满脸愧色地走向已经等在那里的某基金会主席唐。

"你好，"我心绪不宁地先打招呼。

"你好！我差点没认出你来。"一年多未见的唐喜形于色地迎上来。

"很好。不过……我有个小麻烦，不，是大麻烦。"唐是个很热情的人，我实在不忍心一开始就扫他的兴，但更不忍心假装没事然后再打击他的情绪。

"什么麻烦？怎么一下车就有大麻烦？"唐仍是笑着。

"我……忘带护照了。"我紧张地看着唐的表情。

"哦，你忘带护照了……"唐不失绅士风度地掩盖了自己的不安。"有意思，"他沉吟了一下，"反正都到这里了，不妨到边境碰碰运气，"唐忽然来了新的情绪，"就当是个挑战。"

已是晚上9点多，水城离边境还有半个小时的车程。在车里唐说，"你再仔细找一次，看是不是真忘带了；再把其它所有可以证明你的身份的文件准备好。"唐是学法律的，说话自然在行。

护照真的没带，倒是翻出一份证明我的学生身份的I—20复印件。"带上它！"唐很有经验地说，"我们先跟美国这边交涉，看他们能否让你从加拿大回美国；如果行，我再到加拿大那边谈。"

说话间已到了边境。"移民官是最没有同情心的，但愿我们运气好。"走出车子，唐给我打预防针。

唐向迎上来的移民官说明了情况。

"你是说，她没有护照，但你希望她从加拿大回来时我们让她入境？"移民官不相信地重复着唐的话。

"对，"唐的声音低了下来，大概作为律师的他觉得这事听起来确实有点邪乎。

"不可能！"移民官不容置疑地说，"且不说我们让不让她回来，首先加拿大就不会让她过去！别忘了她也没有签证！"

"我们先别谈加拿大那边。我只是想知道如果加拿大让她过去，美国会不会让她回来？"唐总算理清了思路。

"可她没有合法文件呀！更大的问题是加拿大不会放她过去！"移民官的思路也很清楚。

谈判一下子僵在那里。出师不利的唐决定把原计划反过来进行：先说服加拿大再对付美国。

唐刚走，就来了两个中国人。移民官和他们谈了5分钟把事情处理了。"看来，中国人没让你们少忙啊。"我半开玩笑地说。她笑笑没说话。

"你们常遇到我这种情况吗？"我不自觉地开始了"攻坚战"。

"遇到过，但不能说常有。"

"我真不知怎么搞的，出门时竟匆忙到护照也忘了。我的加拿大签证还是多次往返的呢！"我实话照说，只恨不得有文件在手能让她相信。

"有时人就是糊涂，"她说，似乎开始忘掉自己的身份，跟我聊起天来。想来他们的工作也挺枯燥，晚上9点多没什么公务，乐得有人说说话。

我告诉她，我是一年多前认识唐的，这次是第二次见面，没想到一见面就给他添麻烦，他说实在不行就请人到奥尔巴尼帮我取护照，"但来回要八九个小时。"我发愁地说。

"实在太糟糕了,"她同情地说,"你能不能在回来那天请人从奥尔巴尼把护照送来呢?"她开始为我想办法。

"能是能,只是不好意思麻烦别人。"

"可也是。"她也犯难了。

"有没有可能让我先回来,我到奥尔巴尼后马上把护照复印了寄给你们呢?"我问。

"我们还真没有过这种先例。"她有点不忍地说。

"那你能从电脑查到我的材料吗?"我又问。

"你把名字和出生日期告诉我。"我赶紧照着做了。她很快把我的资料调了出来。

"我还带着I—20的复印件呢!"我忙说。

"哦,那太好了。让我看看!"事情好像一下子有了转机。

这时,唐满脸笑容地回来了。"加拿大说这次可以让她免签证!"

"你们等着,我这就给上司打电话!"移民官转身走进另一个办公室。

唐惊讶地看着我,"怎么她一下一百八十度大转弯了?"

我得意地说,"中国有句话:事在人为!"

这时女移民官如释重负地出现了。"奥尔巴尼是州府,所以我们很可能让你入境,你在回美国后一周内到奥尔巴尼的移民办事处让他们看看你的护照就行了。"

"就是说,我回来还是有风险。"我有点担心,她的语气并不十分肯定。

"嗯,原则上是这样,实际上……我会给我的同事交代一下，总之你放心去吧！"

"那太谢谢你了！"我不知该怎么谢她。

"别客气，祝你好运！"

加拿大方面免签证并不是那么便宜的事，唐为此交了125加元的费用。

怀着不合法的心情在加拿大呆了4天，忐忑不安地又来到美加边境，进门竟看到我的女移民官在值班。

"你好！"她高兴地迎上来，"加拿大之行不错吧？"她像老朋友似地问。

"很好！真高兴又见到你。"我一下子觉得她很有人情味。

"我给你登记一下就行了，不必回奥尔巴尼办那些啰嗦手续了。"

"我这就可以走了？"我几乎不敢相信自己的运气。

"是啊，祝你好运！"她挥手向我告别。

"谢谢，太谢谢了！"

满怀感慨地重新踏入美国国土，只觉得比任何时候都更想在美国做个好客人。

3 奥尔巴尼——帝国州的象征

早就知道美国的纽约市和纽约州,却不知道纽约州的州府是奥尔巴尼。更没想到有一天自己会在奥尔巴尼读书。后来发现并不是我一个人这么孤陋寡闻,根据我后来有意识的询问,发现在纽约州以外留学的大部分各国学生都不知道奥尔巴尼是个什么去处。说句公道话,这也不能怪我们,因为美国各州的州府往往只是该州的政治中心,除此之外没什么特色,新闻曝光度也不够高。

其实奥尔巴尼成为纽约州州府是歪打正着。美国的独立战争(1776～1781年)以前,纽约市一直是理所当然的州府。独立战争时,英军对纽约政府构成强大的威胁,州政府只好带着政府文件往哈得孙河的上游方向撤离。到了奥尔巴尼才转危为安,便顺理成章地把文件存在了奥尔巴尼。久而久之,奥尔巴尼习惯了自己的重要地位,一不做二不休地跟纽约市争起州府来,据说还是玩了一点高难度动作才如愿以偿。

凡州府都有象征权力的州议会大厦,美国人很热衷于以一个圆盖形的顶把它与一般性的楼房区别开来。只可惜奥尔巴尼的地质结构不如人意,承受不了圆盖建筑的重量,只好作罢。不过,奥尔巴尼并没有因为这点而气短,因为它的议会大厦的里外设计都是罕见的:近看才会发现这幢5层楼的建筑的风格是各不一样的。大厦的建设工程始于1866年,由曾设计加拿大首都渥太华的英籍建筑师托马斯·富勒挂帅。不料建完第二层经费就不够了,好不容易又筹到钱,另请了纽约的两个风格不一的建筑师利奥伯尔德·艾笛兹和亨利·理查逊,他们硬是把富勒意大利文艺复兴式的建筑风格和自己擅长的哥特式和罗马式建筑揉在一起，使议会大厦在里里外外成为独一无二的"三合一"建筑。这段持续了30年的历史和这等不寻常的建筑风格，至今仍令奥尔巴尼人津津乐道。

3

至本世纪60年代，州府的办公室严重短缺，奥尔巴尼的市中心也衰落不堪，令自称为帝国州的纽约州羞愧不已。当时的州长、富商纳尔逊·洛克菲勒不顾民众反对，决定投巨资建一个有气魄的帝国州广场，把奥尔巴尼建成世界上最宏伟的州府。他请来自己一向敬重的建筑设计师华莱士·哈里森，1962年开始规划，1965年动工，在州议会大厦东面大兴土木，如此12年。人们眼见一幢幢新楼拔地而起，其中最高的一栋有42层，是纽约州在纽约市以外最高的建筑，守在它旁边的是一字排开的4幢20多层高的办公大楼。此外，长方形的广场里还有好几幢10层左右的建筑，把纽约州的立法执法机构、文化教育中心、州立图书馆、州立博物馆、会议中心和各种纪念馆等全都包揽进来。须知，像奥尔巴尼这样的中等城市是没有什么高楼的，帝国州广场无可非议地成为市中心的重头建

奥尔巴尼——帝国州的象征

筑,远远地就能在高速公路上看到。那一栋栋挺拔的大厦,令帝国州的美名有了一个活生生的实体。

然而,广场中最醒目的却是广场中央的表演艺术中心。这个俗称为"蛋"的半椭圆建筑,被别出心裁地斜立在地面,给整个广场带去了优美的现代气息。"蛋"内是一大一小两个戏院,由于椭圆的特殊形状,里面没有任何直线或直角,所以一切都充满了柔和的韵味,戏院上方密布的盏盏小灯的亮光,也因为椭圆的弧度效果而显得如同来自天国一般。狭长的"蛋"边是一条与众不同的弯形接待室……如此独特的设计,是华莱士·哈里森早年与巴西首都的设计师奥斯卡·尼米尔合作设计联合国时共事偷师的结果。凡是到过巴西利亚的人,到了奥尔巴尼的帝国州广场,都会惊叹它与巴西首府的相像。

奥尔巴尼还有一个值得骄傲的建筑群,那就是纽约州立大学奥尔巴尼分校。据称它是从太空能看到的世上唯一一个校园建筑。这一殊荣应归功于它的颇负盛名的设计师爱德华·德雷尔·斯通:他把整个校园

4

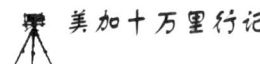

设计成一个长方体，长方体以外的四个角分别伫立着一栋二十几层高的规格一样的学生宿舍；各教学楼间以长廊相连，中间是开放的露天园地。更妙的是，全校在地下也由地道连接起来，地下与地面建筑的相对应处也同样是办公室或教室，这样不但扩大了校园面积，而且使师生们在寒冬时可以完全避免在地面上行走。这地道的存在曾使学校成为比尔·克林顿到奥尔巴尼竞选继任总统的地点。总统的到来使师生们激动不已，好多人站在校园各处守着，谁也不知道总统的车会从哪里进来。在期盼和猜测间，却被告知总统已经在礼堂开始了竞选演讲——原来克林顿早已利用地下通道进了会场。

然而，另一件发生在地下教室的事则给学校的历史留下了阴影。那是1994年12月期末考试阶段，在地下室进行的一堂复习课把授课教授和学生一下子推到了生死边缘——学生中的一个忽然走到教授身边，猛地用枪顶住他的头，把在场的几十个学生押做人质，然后向学校提出几个无理要求。校方大惊失色，马上与警察局联系，警察迅速包围教室的外围。但不论他们怎么喊话，里面的人就是不放人质，警察也就不敢贸然冲进教室。

最后是人质中的5个学生在危难中用眼神约好共同自救，趁闹事者不备冲了上去，那人一慌一着急，自然就扣动扳机，把首当其冲的一个男生击倒，自己也被一拥而上的几个同学制服，这才打破了僵局。5个学生马上成了英雄，受伤的那位更是被奉为舍己为人的好汉，当地的一个慈善家不失时机地分别赠他们大小不一的几笔钱。第二天，部分学生宣布罢考，在校园里游行，要求学校采取措施杜绝类似恶性案件的发生。

事情并没有就此结束，经过一段时间的治疗，那个受伤的学生被告知自己将失去性能力。这下刺激非同小可，该学生在各方面的压力下状告纽约州政府，说它没有给学生提供一个安全的学习环境，同时索取一大笔个人损失费……

更糟的是，那个行凶的学生被医生诊断为有精神问题，这意味着他很可能不会被判刑。据学生和教授回忆，此人平时的行为有点怪诞，但谁会想到他有一天会怪诞到持枪威胁周围人的生命呢？州政府本事再大，对这种人也防不胜防；面对一张状纸和一个身体受到功能性伤害的学生，州政府有苦说不出。

何况，州政府自己也自身难保，对于每一个进政府大楼里办事的老百姓，它都有专人负责检查，其认真程度比乘机的安全检查有过之而无不及。

纽约州在美国的地位不可低估，其帝国州的形象早已让奥尔巴尼市中心的广场渲染得淋漓尽致；然而，只有奥尔巴尼人才知道，那里的一切并不像看上去那么令人自豪。

4 纽约·百老汇

读书时所在的城市奥尔巴尼，离纽约市只有2个来小时，2年里我在不知不觉中往纽约跑了不下10趟。

事实上，踏上美国国土的第一站就是纽约市，早在书上、电影、电视里把纽约想象得差不多了，所以见到曼哈顿的高楼大厦以及贸易中心的姐妹楼时并没有多少惊喜；具有象征意义的自由女神也没有超乎我的意料，倒是闹市街头和地铁里的乞丐及随时像要抢东西的闲散人员着实让我担惊受怕了一阵。

名声在外的纽约，硬是没有给我留下什么深刻的印象，偶然见到什么新奇的东西，只要一想到这是纽约，也就没了那份兴奋，好像纽约就该如此。

搬到芝加哥后，忽然觉得纽约变得遥远了，才开始感到它的吸引力，加上工作关系，看了不少纽约的资料，发现自己对纽约的重要部分知之甚少——美国政府的调查表明，纽约的旅游最热点不是自由女神，不是世界贸易中心，而是象征着世界戏剧巅峰的百老汇。

以前也听说过百老汇，却莫名其妙地把它和低级场所等同起来，后来去那里看了一场《西贡小姐》，被小小舞台上令人眼花缭乱的布景、歌舞结结实实地震惊了一个晚上，纽约也头一次让我瞠目结舌，虽然百老汇对我来说仍是很陌生。

在芝加哥读了不少关于百老汇的书，才知道它是个高雅的娱乐场所。19世纪的百老汇是纽约商业区一条大街的名字，随着移民潮的到来，纽约市人口越来越多，到了1893年，百老汇大街四周已经有了几十家剧院；随着纽约商业地位的提高，百老汇剧院区逐渐成为世界戏剧艺术的精华所在，不但吸引着世界各国的艺术家，也吸引着五洲四海的游客。

坐落在曼哈顿黄金宝地的百老汇剧院区，100多年来历经沧桑，从全盛期的七八十家剧院减少到现在的30多家，戏剧的制作费用也越来越高，这决定了百老汇的一切首先是生意，吸引不了观众的戏只有取消的份；不过，一旦赢得观众就是名利双收了。

然而，跟好莱坞相比，百老汇的演员就显得吃力不讨好了，每天在舞台上又唱又跳，对不同的观众演同样的戏，要保持同样的热情实在不易。这种现场表演显然比好莱坞的逐个场景拍摄的、可以重拍的表演更具挑战性；更不公平的是，百老汇剧院容纳的观众有限，远不如电影的观众多，所以好莱坞的演员比百老汇的挣钱更多，出名更容易……

不过，百老汇的舞台自有经久不衰的魅力，其特有的台上台下的交流使演员和观众组成一个特殊的整体，随着剧情的发展，观众和演员分享的东西越来越多，观众热烈的掌声给演员的及时承认、鼓舞和欣

赏，是电影电视演员奢望不到的。

传统上，百老汇的剧目多为音乐剧，其歌舞既把观众带到现实生活以外的世界，又不妨碍不懂英语的观众欣赏。百老汇的戏剧在20年代进入黄金期，但很快就受到电影的冲击，60年代以后更面临着电视的挑战，评论界人士多次预言百老汇的衰亡，不曾想它硬是经受住了考验，成为商业味道很浓的艺术。八九十年代以来，一台好戏至少能演上好几年。目前资格最老的《猫》从1982年演到现在，在1998年已成为百老汇历史上演出时间最长的剧目。

我终于抗不住百老汇的魅力，下决心跑一趟纽约，不为别的，只想看几出目前最走红的戏。

百老汇的30多家戏院容纳的观众各为500～1600人左右，最差的座位票价也要15美元，70美元是普遍价格。一出戏每周演6～7天，6～8场。真心看戏的人一般都提前买票，大部分剧目的票都可以在世界各国的旅行社订到。好戏往往要提前数日甚至数周数月订票，比如1996年推出的《房租》，以其干吼干唱反映纽约下层人的生活，大破百老汇高雅的传统，很受年轻人的欢迎，目前订票须得提前几个月。有个评论家近乎恶作剧地说，"如果你需要卖淫才有钱看这出戏的话，那么你现在就去卖吧！"

在纽约有4天时间，我故意没提前买票，心想百老汇有名的戏不只4出，各剧院又挨得很近，这出没票再赶到另一家剧院也不晚，所以天天带着悬念闯百老汇。

第一天我选中了《日落大道》，这是英国作曲大师安德鲁·劳埃德·韦伯的作品，先在伦敦剧院区西点推出，然后进入美国加州的洛杉矶，继而被推到百老汇。开演前10分钟我才赶到剧院，售票处是"售完"两个字，观众正排队入场。我看情形不对，急得在门口来回走。这时一个20来岁的男青年走过来，嘴里小声地喊着"卖票卖票"，眼睛却不看我。贩票是犯法的，这哥们显然是个有经验的票贩。我喜出望外地迎上去问价，回答是40美元，我把票拿过来，却心慌意乱得什么也没看进去，只是本能地把价钱砍到30美元。见对方把票夺回去，我垂死挣扎地说了句"我是学生。"因为这是最能争取人同情的的身份。果然，对方眨了眨眼，把票塞到我手里，"30美元就30美元，告诉你，只因为你是学生。"

第二天一早看报，发现当今最有名的魔术大师大卫·科波菲尔那天下午要在百老汇的一个剧院开始为期5周的表演。这个在魔术界独领风骚的表演家，近年来每年都做一件让人目瞪口呆的事，几年前当着观众的面在长城穿墙而过，惹得观众为破他的魔术痛苦不已。大卫的表演一场是70美元，纽约的朋友说贵虽贵，但一辈子看一场也不算为过，于是咬牙切齿到剧院等退票，居然等来两张第五排的，笑逐颜开地入了场。大卫果然身手不凡，又是分身又是在空中飞行，瞬间从舞台上消失又出现在观众席上，众人议论纷纷却又百思不得其解。

大卫的魔术结束时已是晚上7点半，百老汇的戏都是8点开始，我风风火火地转战到上演《歌剧幽灵》的剧院，这是百老汇上座率最高的戏，常常要卖加座票。这一天的入场队伍自然短不了，等退票的也有几十人，一看就知道老老实实等不是上策。我投机取巧地站在入场口，异想天开地希望有人退票，但似乎那天看戏的人都没有什么变故，人手一张票慢条斯理地入着场。眼看离开演只有2分钟,检票员已经准备关门了,这时4个衣冠楚楚的人从出租车上跳下来,急匆匆地到检票处鱼贯而入,走在最后的一个男士忽然说,"我们多了一张票,估计现在没谁要票了吧?"

"先生,我要,我是等票的!"我不顾一切地上前大声说。

"噢,太好了。哪,这是票。"那男士说着就把票递过来。

"哎,不能给她,要给也应该给那边等退票的人。"检票员为那些排队的打抱不平。

"我也是等退票的呀!"我明知理亏仍然作最后努力。

"没关系,给谁都一样,不浪费票就行。"那男士只想快点进场,把票塞到我手里。

"谢谢,多少钱?"我恨不得多给他点钱。

"不要钱,你不要还浪费了,谢谢了!"他向我挥挥手。

"太谢谢了!"我大喜过望。

"快进去吧,算你走运。"检票员催我。那场戏我是最后一个入场的,中场休息我才发现,那是一张70美元的票。

最后一天我准备看《猫》,满心好奇地想搞清楚一场猫戏为什么能演十几年。不料那场戏被取消。还有15分钟才到8点,我有足够的时间到别的剧院碰运气。不远就是《欢乐随喧闹声而来》。这出以踢踏舞为主表现美国黑人受歧视的戏在1996年推出后场场爆满,似乎等退票也无望。忽听有人说有票,却是那天《日落大道》的票贩。他像老相识一样过来,拿出一张票,"80美元怎么样?"我一看面值是25美元。"你也太夸张了点。"这次我连价都不想讲。

有了前3场的经验，我已经有点熟门熟路了，看准几个站在门口翘首四望的人，估计他们是等朋友的，便上去打招呼，一旦他们的朋友不来，我就做候补。一个英语不太好的女孩主动说，如果她的朋友不来，票就让给我。

于是两人各怀心事地向门口张望，只有一分钟了，女孩终于放弃了希望，叫我跟她走。我第一时间把钱交给她，顺便问她是怎么买到票的，她说是当天早上在时代广场排了3个小时队的结果。

《欢乐随喧闹声而来》的踢踏舞不但节奏感很强，感染力更强，弄得年轻的观众在下面大呼小叫，那个对我有恩的女孩也很投入地摇头晃脑。中场休息时，她告诉我，自己是专门从意大利来学一个月的踢踏舞的，第二天就要回国。

百老汇每一出戏的台前幕后都有很多故事，百老汇的观众也各种各样，大多数是受过良好教育的中产阶级人士，一年大概看上一两场，他们看戏是一件很高雅的事，往往衣衫整洁地去，一般绝不会迟到，每看完一段精彩演出都会鼓掌。百老汇也有戏迷，他们会到戏迷俱乐部去，和自己喜欢的某出戏的主角座谈……

像我这样采取非常规做法买票、几天里连看几场戏的游击队观众，在百老汇大概是不多见的。尽管这种做法没什么推广的价值，我仍然觉得其乐无穷，以后有机会到纽约，我会按我的野路子如法炮制，再访百老汇。

5　走近波士顿

也许是因为闻名世界的哈佛大学和麻省理工学院的缘故，波士顿在我的印象里就像一个受人尊敬的学者。几次去波士顿，都少不了到这两个校园走一走，感受最高学府特有的气氛，明知那里的一切并不那么不可及，却总也摆脱不了那种对大名鼎鼎学者般的敬畏。

作为美国开发得最早的城市之一的波士顿，出名的并不只是这两所大学，而是以它们为首的教育。更早些时候，它的军工研制业曾独领风骚，只是近几十年没有大战事，这个优势才褪去了颜色。

更多地了解波士顿是在采访了中国演员王洛勇以后。王洛勇在上海戏剧学院毕业留校不到两年，来不及在国内影视界成什么气候就随着出国热到了美国，经过许多留学生必经的不堪回首的各种打工生活后，幸运地被波士顿大学表演系录取了。按中国的说法，是破格录取：因为表演系从未招过母语非英语的学生，更何况

是英语水平连简单交流都成问题的王洛勇；只因波士顿大学的教务长看过王洛勇的表演，了解到他曾因为英语不行而被几所美国大学拒绝，于是建议表演系的教授们看王洛勇的表演，教授们经过反复考虑终于收下了这个学生……

已经在标志着美国戏剧界最高水平的百老汇剧院演主角的王洛勇对我讲起波士顿来有着一种特别的感情，讲春天里哈佛、麻省理工、波士顿3所大学的学生们怎样划船比赛、夏天的海滨如何清爽宜人、秋天的枫叶如何美丽、冬天的冰雪如何铺天盖地……讲波士顿的花市、农贸市场、酒吧，还有令他不能忘怀的波士顿大学的一切……

王洛勇的故事使我对波士顿大学产生了特殊的兴趣。在一次去波士顿的时候，我正好有半天的空余时间，几乎想也没想就决定去波士顿大学看看。这所1839年就建成的私立大学离市中心很近，校园很狭长，沿着查尔斯河长长地摊开去。搞不好的话，学生上完一门课后，得坐上两三站车去赶第二门课。幸好有两路地上火车相连，而且一去一回只收一次钱。

我正好在不花钱的方向上车，看着一些学生匆匆吃着不知是早饭还是午饭的三文治，听他们彼此开着玩笑，不知不觉就到了表演系的站。我东张西望地走进表演系所在的大楼，见一楼有个黑洞洞的入口，原来那是一个能容两三个人的过道，过道的一边是墙，一边是几间大小不一的教室。我探头往里看，教室里只有几张椅子，其余是空间和一面大大的镜子，我想那一定是王洛勇提过的排练室了。

我又往楼上走，想到办公室看能不能找到还记得王洛勇的教授。我穿过一间有个女孩练琴的教室，走进办公室。

"请问你记得洛勇·王这个学生吗?"我没头没脑地问接待我的秘书。

"我……不知道。"秘书大概是不愿让我失望,接着问道:"这是个什么时候的学生?"

"1987年到1989年。"

"噢,怪不得我没印象,我是1996年才到这里工作的。"

我也松了一口气,难怪。

"洛勇·王?你是说那个在百老汇演戏的中国学生?"对着电脑荧光屏的50岁上下的黑人停下工作,颇有兴趣地问。

"是的。你记得他?"

"啊,当然!他是我们系有史以来第三个上百老汇演主角的学生啊!我教过他。"他自豪地说。

"是吗?太好了。我正在写洛勇的故事,不知你有没有时间给我讲讲他在这里学习的一些事?"

"可以可以。"黑人教授站起身来。

"噢,你们在讲洛勇·王?我也教过他。开始时他的英语简直太够呛了,没想到他为我们学校争得了这么大的荣誉。"一个进来取信件的白人教授插嘴说。

我跟着黑人教授去他的办公室。走过系里的墙报栏时,教授停下来,"这是我们的毕业生现状报道。你看,洛勇·王这个报道是最显眼的。"

"这些年的毕业生里他也是干得最好的一个吗?"

"那是毫无疑问的。"

进得办公室,教授长出了一口气,"洛勇不容易啊!我们少数民族要想在美国出人头地,付出的努力要比白人多多了。你想,他来时连英语都听不太懂,能讲的话就更少。这小伙子硬是练出来的。别人不服气不行。"

教授告诉我，一次上课要求学生演一个爱情场面，王洛勇的英语不好，加上中国人感情远不如美国人外露，教授、同学都不由得为他担心。结果王洛勇在几分钟内把中国人强烈而含蓄的爱表现得淋漓尽致，令在场的人耳目一新。大家这才猛醒过来：语言能力不强、在他们眼里甚至有点怪的王洛勇一直在黑暗中摸索，克服着语言障碍与操本族语的美国人竞争，所需要的努力是他们无法想象甚至没有意识到的。教授很受感动，一直把这事放在心上，不久前以王洛勇为基本模子，写出剧本《在黑暗中摸索》，希望把它搬上舞台，更希望王洛勇本人能在戏中扮演自己。

"你刚才说，少数民族要成功不容易，你自己是否有亲身体会？"我忍不住问。

教授的脸色变得沉重起来，"当然有。你知道吗？黑人演员要想演戏，首先要做的就是脱，男女都如此。"

我对此并不太吃惊，在美国娱乐界的脱太普遍了。见我不太以为然，教授又说，这不是为艺术而脱，而是无条件、顺从地脱。他自己就是这样过来的。他终于忍受不了这种污辱，回学校攻读学位后在波士顿大学谋到了职位。

"现在，我是表演系两个终身教授之一，至少没人敢公开歧视我了。我知道被人看不起的滋味，所以我拼命努力，所以我特别欣赏洛勇。"

原来，波士顿大学已经率先废除了终身教授制度，这位资深教授就成了学校里少有的要绝种的终身教授之一。

走出表演系，走出波士顿大学，在为王洛勇、黑人教授自豪的同时，多了一份对王洛勇的敬佩。波士顿大学固然给他提供了读书机会，但他为走上成功之路所经历的痛苦大概只有他自己才知道。不过，从此他也为波士顿大学亮出了一面引人注目的旗帜：他是第一个在百老汇演主角的母语不是英语的外国人。

波士顿在美国的名气，从此也就多少掺上了一点中国的色彩。

6 华盛顿D.C.的出租车司机

上学期选了一门区域规划课，知道华盛顿D.C.的城市规划在历史上挺有名，从此希望能一睹为快，不久前得以如愿。

美国首都的气派果然不凡，连不是美国人的我置身其中都生出一种豪迈感来——白宫、议会大厦、华盛顿纪念碑、林肯纪念堂、杰佛逊纪念堂等闻名于世的建筑各就各位，各领风骚又浑然一体，哪个都不能缺，哪个也不独占鳌头，让人看了在心头一阵开阔的同时体会到了一种独特的民族精神来。

大手笔的华盛顿D.C.连的士司机都有自己的特色。以前就听说他们当中很多都熟知各景点的情况，完全可以与导游匹敌。我在那里停留的时间只有2天，为了能多走点儿地方，基本上以出租车为交通工具，也就有机会和的士司机们接触。

我要去的第一站是华盛顿纪念碑。一辆出租车停在我面前，"是去议会大厦、还是白宫、华盛顿纪念

碑?"司机问。

"你怎么就那么肯定我是去那几个地方?"上了车,我忍不住问道。

"凭直觉呀!我天天在这里开车。"司机有点得意地说。

"这个城市果真像我听说的那样,没有什么高楼大厦,看上去比其它城市开阔多了。"

"是啊!18世纪末建筑师开始设计这座城市时,就规定任何建筑物都不能超过议会大厦的高度,当时还特意把白宫设计得低于议会大厦,象征美国的民主高于一切。"司机给我介绍开了。

"难道这么大的城市这么多年来就真的没有一幢楼比议会大厦高吗?"我开始钻牛角尖。

"没有,"我的怀疑态度使司机着急起来,"绝对没有!"他发誓般地说。"不过,这些年来城市在扩大,地就少了,自然很多人提出要建高楼,政府已多次讨论过这个问题,但到现在都没能作出决定。只有一点是肯定的,那就是议会大厦仍然应该是最高的建筑物。所以不少人提出把大厦增高,这样其它楼房也就可以建高一点。"

看来,美国人为了维护理想,讲究点形式主义也在所不辞。

去林肯纪念堂时,我又叫了一辆出租车。

"去那里的人一定很多吧?"我问。

"直到最近,去林肯纪念堂的游客都是最多的。若不是他废除了黑奴制、统一了南北方,就没有今天的美国,所以人们对他很尊敬。"司机有板有眼地说。

"你说直到最近都是这样,那现在什么地方去的人最多呢?"

"越战纪念墙!"

"为什么?"我有点不解了。

"因为人们慢慢意识到,越战给美国人带来的创伤是无法估量的,所以几年前就要求政府建一道纪念墙。多方争取之下,由国人捐款、政府出地,做成了这面墙。到现在为止,墙上已经刻上了已知的5.8万名死难者名字。有关机构还在继续寻找下落不明的人,每年都会在墙上刻上新的名字。"

在此之前我并不知道越战墙的故事,经他一说,便决定去看。不久后跟一个美国朋友谈起越战,她说她的弟弟就是其中的受害者——他的那个团队只有受伤后大难不死的他生还,回来后他从不提起那段日子,15年后突然精神崩溃,平时常自言自语,为自己存活下来感到极度不安,一到7月4日独立纪念日就会出现幻听,总是听到枪声。朋友说,根据医生的经验,很多越战幸存者都在15年后犯病,他的弟弟就因此无法正常生活而失去了妻女。可见越战给人们带来的不幸。

送我去杰佛逊纪念堂的司机很活跃,我一上车他就滔滔不绝地说了起来。"你都走了什么地方?"

我如实相告。

"你知道吗?杰佛逊和我们的第二届总统都是在1826年7月4日去世的。"

"是吗?两个前总统在独立纪念日去世,这也太巧了。说起来可能还有点象征意义呢!"我接话说。

"你注没注意路边的樱花树?"在快到纪念堂时他说,"那是日本人送的。几千株中有650棵种在了杰佛逊纪念堂附近。冬天不是花季,春天你再来看,保证美得你不愿离开。"

难得一个的士司机对这些历史细节了解得这么清楚。我不禁问,"你是怎么知道这些事的?"

"看书看的。有时乘客问起答不上来，所以平时就注意看这方面的文章。看了就给游客讲，讲多了自己也记住了。噢，我们到了，如果你停留的时间不长，我可以等你。"

"太好了！"我当然想继续坐他的车。

回到车里，我问司机华盛顿 D.C. 值得看的地方还有哪些。

"我想你一定会对史密森展览馆感兴趣。这是按一个叫詹姆斯·史密森的英国人的遗愿、用他所赠的钱起家的美国最大的展览馆群，内容丰富，主要部分都在华盛顿纪念碑以东的地方。你最好先去其中的史密森城堡，在那里你可以看到其所有下属单位的介绍，如果你时间有限，就可以按自己的兴趣安排最佳路线。"司机像做广告似地说。

"哦，我看到过这两个字眼，却不知道它是这么回事。行！冲着你的介绍，我明天就去展览馆！"

临走，我给了他可观的小费。"谢谢，你是个很好的导游！"

"你有没有注意我车里的窗帘和天窗？有了这两样东西，我的车就有点像高级轿车了。"司机很自豪地说。

"你真是个有心人！祝你生意兴隆！"

第二天，我一早就到了史密森城堡，果然在那里了解了大致情况：原来，詹姆斯·史密森在世时对科技、艺术很感兴趣，他留下的钱按他的愿望用于建立与科学技术和文化有关的展览馆，以促进这些知识的研究和传播。自1846年以来，史密森展览馆不断扩大，至今已有16个展览馆和一个动物园，包括历史、绘画、航天技术和各类艺术的陈列馆，基本上是免费对外开放。我流连忘返于几个艺术馆，几乎不敢相信拜金的美国竟有这十几处不收款的圣洁所在。而帮助我"发现"这块净土的,竟是个出租车司机!

下午,我怀着对美国首都美好的感觉坐的士到灰狗车站。

"你是中国人吗?"司机问。

"是的。"

"那我们应该是朋友啦。15年前我从巴基斯坦来到这里,现在已经有一个5口人的家了。"

"不错啊!要知道,中国人每家只能有一个孩子,美国还经常从人权的角度抨击中国的计划生育政策呢!"

"我看计划生育没什么不好。现在政客们正在为堕胎的事争论不休。他们也不想想,如果让那么多孩子生下来,但国家无法让他们吃饱穿暖、受良好的教育,那不是更不人道?"我听了不禁再次觉得华盛顿D.C.的的士司机不简单。

春天已经来了,华盛顿D.C.的樱花该开了吧?每次想到那个令人难忘的城市,我就会想起那里的出租车司机来。

7　奥兰多之旅

　　号称"阳光州"的佛罗里达是美国最吸引人的旅游胜地，而众多游客的首选去处无疑是奥兰多。自从美国主题公园之父沃尔特·迪斯尼1971年在那里陆续建立起以3个主题公园为主的迪斯尼王国以来，奥兰多成了各种主题公园的选址热点。至今为止，那里少说也有9个这类公园，竞相以各种方式吸引游客。

　　我们到奥兰多附近时，正值下午4点左右。天在毫无先兆的情况下猛地甩下大粒的雨点，几乎是在我打开雨刷的同时，雨就嘎然止住，太阳依然普照大地。再开几分钟，迎面又扑来恶狠狠的雨点，可没等人做好全套防范动作，太阳又占了上风。如此来回几次，我才在纳闷中想起一个朋友的话：奥兰多每到下午4点就会下雨，往往是边下雨边出太阳。看来这个城市当真不同凡响。

　　第二天一早我们专门到一个旅行社买"海洋世界"的特价票。柜台后的中年男子精明的眼睛往我们身上一扫，"你们是夫妇吗？"我莫名其妙地点点头。"按现在的价你们只省8美元。如果你们愿意花一个半小时到郊外的一个度假村参观的话，就可以省50美元。现在还早，参观后再去'海洋世界'也不晚。"

　　"还有这样的好事？只是参观吗？"我怀疑地问。

　　"当然，这是推销度假村的一种方式。没有谁会逼你们买房子的，你们只要呆够一个半小时就可以走。"

　　我和先生商量了一下，都对度假村感到好奇，就算是多看样东西，还能省一小笔钱，何乐而不为呢？

　　到了度假村接待处不一会，就有个老者把我们引进一个大厅。大厅里像餐馆一样摆满了桌子，桌子边坐的全是一对夫妇和一个推销员,谈话似乎都进行得如火如荼。"请随便用点心和饮料。"老者很客气地说。

"天!我们是肯定不会买房子的,这不是浪费人家时间吗?"我不安起来。

"放松点!我敢保证大部分人都不会买。这仅仅是一种宣传方式而已。"先生安慰我。

老者带我们坐下,先和我们闲聊了一下,说他已经退休,现在出来做事纯粹是为赚点外快。接着就转入正题。原来他推销的是一种连锁度假村,度假者不必花大钱买房子,只需每年买其诸如一周、一个月等任意时间的使用权,好处是房子设备齐全、有人管理,且价钱比住旅馆便宜;更妙的是,只要交一点手续费,就可以在美国乃至世界各地的同名度假村住同样的套房。

老者循循善诱,问我们未来5年的旅游计划。我如实地告诉他还没有特别的安排,因为目前经费不足。他来了情绪,说买了他们的房子就可以降低费用,硬是让我们说出5个想去的地方。又问我们的住宿标准,按了半天计算器后,喜形于色地宣布,如果买他们的房子就可以省一大笔钱。他带我们参观了几类套房模型,回到洽谈桌上时,就正式要求我们买房子了。

开始我婉言谢绝,表示我们财力有限。老者急了,说可以分期付款。我说我们交不起第一笔钱,他转身拉来了经理,这一位来了情况马上好转,价钱大跌。我急于脱身,强调要回去考虑一下。老者说必须当时做决定,因为他敢肯定我们回去就不会买。我不满了,"你刚才不是说,你自己第一次听说这事时也没买吗?你该懂得己所不欲莫施于人的道理吧?"老者无言以对,又搬救兵似地推出一个漂亮清爽的小姐,小

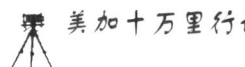

姐笑容可掬地又介绍了一套更便宜的计划。看着那些扑朔迷离的价钱,我不再为自己本来无心购房而不安,开始理直气壮地抱怨他们已经用了两倍于规定的时间,影响了我们的旅游计划。这一招挺灵,小姐马上为我们放行。

在奥兰多的旅游就这样令人啼笑皆非地开始了。

迪斯尼的几个公园很是为奥兰多挽回了不少面子。我的一个朋友曾不无敬意地评论沃尔特·迪斯尼,"迪斯尼居然不靠色情和暴力在美国建立起这么几个老少皆宜的去处,不能不说是一个奇迹了。"沃尔特·迪斯尼的想法其实很简单:让人们在快乐中不知不觉地学到东西。迪斯尼的3个公园互相有公路、水路和空中单轨列车连接。魔术王国有或轻松愉快或惊险无比的各种乘游项目,更有迪斯尼动画片中最出名的米老鼠及其女朋友的"对外接待处";未来世界以展示各国文化为重点,让来自不同国家的人直接向游客介绍自己国家的情况;米高梅影城则是让观众参与各种电影、电视的模拟拍摄来了解拍片子的幕后工作。

总的来说，这3个公园的共同特点是溶教育、娱乐和刺激于一炉，既照顾成人的情绪又不忘儿童的喜好，既把你吓得灵魂出窍又保证你有惊无险。总之，一趟迪斯尼下来，你肯定尽情地笑过，大声地喊过，痛快地玩过。

如果坐下来和所有去过迪斯尼的人谈起对那里的记忆，就会发现无论兴趣爱好多么不一致的人，都有一个共同的经历，那就是每一个项目都得排队，如果半小时内轮到，那就是极幸运的事，特别受欢迎的项目动不动就要排上一两个小时。由于排队是迪斯尼的普遍现象，有先见之明的建造者们或是利用天然条件、或是巧妙地用两股绳子引着人们七拐八转，不明真相的人总以为到了尽头就轮到自己，可走到跟前看到的往往又是新的里程。不过，设计者们不会让这么多人无聊地站着，没有哪条队是不动的，尽管有的队伍动得慢些。走出一段距离会有饮用水供应处，游客无需走出队伍就可以喝到水，沿路还常有图像、音乐为人解闷，更不时有该项目的"实况"出现——很多排队的路径都设计在所排项目经过的地方，使排队者在看到别人玩得开心的同时也看到自己排到尽头时的希望。所以，迪斯尼的队虽长却没怎么听到游客的抱怨，倒反而会觉得排队是正常的事。何况一起去玩的不是家人就是很好的朋友，平时各忙各的没有多少时间聊天，排队时正好拉家常，不知不觉就走到了头。其实，除了排队以外，想描述在迪斯尼的感受是很难的，必须去感受才行，因为那里有太多奇特的东西。

奥兰多还有很多值得去的公园，但我们时间有限，只有挑着去，既是中国人，就很关心中国在那里的公园"锦绣中华"。明知那里的游客很少，明知那里的一切跟去过好几回的深圳的同名公园大同小异，还是鬼使神差地去了。跟迪斯尼比起来，"锦绣中华"显得很安静，除华人游客外，园里的西方游客基本都是中、老年人。漫步在微缩景区里，几小时内就看完了中国主要的名山大川、宫殿陵墓、民族歌舞，心情自然不像在迪斯尼那么大放大松，脑子也不像在迪斯尼那样什么都不想，而是不由自主地会有许多感慨，只觉中国文化的博大精深、激荡人心，实实在在地感到了它的力度。我不禁想不通为什么这样的去处吸引不了游客。

公园里公关部有个50上下的美国人，我忍不住向他提了这个问题，他很遗憾地摇摇头，说，"美国人出去旅游大多是图刺激、轻松，而且很多人都带有孩子，'锦绣中华'是要有知识背景才能看懂、才会欣赏的，它没有西方人寻找的刺激，可惜的是，也没有供儿童娱乐的项目。"他看看我，欲言又止，叹了口气，才说，"这么好的公园每天都在亏本，让人心疼呀！"我的心一阵难受，敏感地在猜想他没说出来的话是什么，因为我知道至少还有一个原因，那就是中国还没有强大到使像美国这样的经济大国不得不去了解、去研究的地步……

奥兰多给我的回忆并不都那么愉快，却唯其不愉快使那里的一切更加难忘。

8　奥运会之外的亚特兰大

城市的名气跟人的一样有时是吹出来的，佐治亚州的亚特兰大市本身有不少值得自豪之处，但如果不是1996年的奥运会，它受到的关注就会少得多，难怪当初它为争取主办奥运会时那么不遗余力。自那以后进入亚特兰大的投资就日渐增多，游客也纷至沓来，这股旅游潮也把我们卷到了那里。

其实，亚特兰大在主办奥运会以前就已经发展得很不错，是美国南部最大的城市之一。走遍世界的饮料可口可乐和以第一个报道海湾战争确立了在美国新闻界地位的CNN广播电视网络的总部都设在那里，据说一些大公司正打算步其后尘。

CNN在市中心边上的一幢大楼，每天宾客如云，游人随着导游参观各种新闻制作室、编辑室、演播室，看到正在紧张工作的CNN员工再联想平时电视出现的一切，不免有戳穿这个庞大新闻机构秘密的快感。我和先生及一个朋友去CNN那天是周日，下午3点前后到那里，就听说当天最后一段5:30～6:00的参观票已经售完。十几个游客正使出浑身解数争取工作人员的同情，但后者个个刀枪不入，最后其中一个不忍心了，说他们不管票务，等一会出来的穿黑衣服的人才是负责的。于是大家都守在售票处，那人一出来就上去软磨硬泡。岂料这人也是雷打不动，没有一点松动的余地。失望的游人有的咬牙切齿，有的耸耸肩自认倒霉，慢慢就散去了。

我却怎么也不甘心就此罢休，因为我们第二天一早就走，短期内是不会再到亚特兰大了。进退两难间，只见3个刚到的游客去售票处问询，不费吹灰之力地买了3张票！我忙催先生跟了去，但他一上阵就被很干脆地拒绝了；我又鼓动朋友去，他犹豫了一下，又见另两个人靠上前，奇迹般地也买到了票，朋友精神一振就过去了，又比又划好一阵，看来是要凯旋了，不想回来还是两手空空。我火了。

"难道这是种族歧视不成？你说没说我们明天一早就走？"

"当然说了，否则我会去那么久？"朋友有点委屈了，"我看还是你去一趟，女的去好说话。你没见刚才买到票的全是女的？"

我满腹怨气地上去，"请问还有参观票吗？"

里面的人头也没抬地问，"几个人？"

我的心跳加快了，"3个。"

"你等等，我得查查电脑，估计挺玄。"他说着，还是没抬头。

两分钟后，电脑出了3张票，"你的运气不错！"他说，第一次抬头，那是一个扎着马尾辫的男青年。

我忘乎所以地回去报捷，朋友大嚷，"看看，他只买女人的帐不是？"

"不，他连看都没看我一眼！"我为那人辩护道，但却解释不了他为什么没卖给他们。"不过，有一点倒是可以记住，在美国办事只要不屈不挠，没准就能如愿以偿。"

CNN参观的高潮是最后一项：观众可以买得机会过过播音瘾。一男一女搭配穿上CNN主播人的制服，坐在模拟的播音台后，工作人员在不远处举着翻字机，同时录下播音实况。演播厅设在一楼，整个播出过程可以被隔着玻璃排队买票的人看到，从外面乍一看往往会以为是CNN的正式新闻，只有听到"新闻"里幽默的词句、看到演播者强忍的笑意后才知道是怎么回事。工作人员会立即重放录像，旨在推销这盒带子，游人一辈子只有这么一次神气的机会，岂有不买的道理？参观就在你情我愿的交易中结束了。

可口可乐总部是另一番景象，它设在热闹的市中心，参观的队伍总是排得老长，吊在门口的是广为流传、正反两面的红底白字"COCACOLA/COKE"商标，一旁的零售部诱惑着在太阳下排队的人们过去先饮为快。

进入总部的一楼大厅，抬头就能看见色彩缤纷的各国国旗，标志着可口可乐行销的国家。从一楼走到二、三楼，你可以尽览可口可乐公司的发展史：里面有历年来可口可乐的不断改进的容器、文字和图片广告、电影电视广告、模拟生产线乃至一个数字每秒钟都在变化的可乐产量显示器。谁要是想为可口可乐作文章，到那儿走一趟什么问题都能迎刃而解。

最吸引人的是三楼大厅里那些任人品尝的畅销各国的部分产品。它们有的由顾客自助饮用，有的由程序控制，只要顾客触一下按钮，饮料便会从远处的容器中化作一道弧形的生灵，准确地飞进固定在一处的

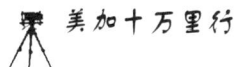

小杯里。精彩的是，品尝厅里特设了很具规模的厕所，人们大可以豪饮一场而没有后顾之忧。

各饮料名称下都注明行销国家，以前我还真不知道可口可乐公司在世界各地的产品那么多种多样，什么橙子、西瓜、荔枝、芒果、草莓的，恨不得把所有的水果都用上了。我一样不漏地细细品尝，味道各有千秋，只是有一种出自意大利的出奇难喝，大失一般可乐公司饮料的水准。我饶有兴趣地在一旁观察，发现其他人在喝到那种饮料时也怪相百出。想必意大利人的口味一定很特别。可以肯定，可乐公司下足了功夫研究各国人的口味。品尝厅里还有若干台电视，同时播放着包括中国在内的一些国家的可乐饮品广告，不同的国家、不同的语言，唯一相同的是可口可乐的牌子。

美国的城市有一个基本的模式：市中心的高楼，遍布整个地区或全国的食品、服装连锁店，然后是连绵不断的郊区和小城市。所以不论哪个城市，都有许多人文景观是人们很熟悉的东西，这使每个城市非常注意突出自己的特别之处。奥运会固然使亚特兰大为全球瞩目了好一阵，但CNN和可口可乐总部却将以它们对人类精神和物质的巨大影响长久地成为亚特兰大引以为荣的标志。

9　新奥尔良

听说我们要去新奥尔良,几个朋友都不约而同地建议我们去品尝那里各种风味的菜,当然也一定要去酒吧听听正宗的爵士乐;然后脸色一变,又异口同声地叮嘱,除了游客多的地方哪儿也不要去,因为那个地方是美国最不安全的城市之一。于是,这个在我的想象中富有法国情调的海滨城市就有点像带刺的玫瑰那样让人又怕又神往了。

进入新奥尔良地区的明显感觉就是它的公路路况比别的城市都差,城市里的一些主要道路裂缝百出。后来在当地工作的朋友告诉我们,新奥尔良整个城市都低于海平面,中等以上的雨量就能导致不少地方被淹,尽管周围都有堤坝保护,但每场大雨公路都首当其冲地遭破坏,政府每年的主要投资都在修路上,仍然跟不上破坏的速度。

新奥尔良建在墨西哥湾,又同时处于沼泽地带,所以交通网络的一个重要组成部分是桥梁,其中有可能

10

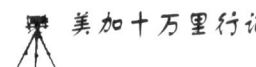

是美国最长的桥长达24英里。我们有点怀疑当地人过于自豪夸大了桥的长度,专门花了3美元的过桥费在桥上开了个来回,硬是开了半小时才到尽头,果真是24英里,试想在水上一英里一英里地建这么长的桥的情景,不禁万分敬佩新奥尔良人的勇气和创造力。

到新奥尔良的当天晚上就有新闻报道说,又有两个警察在前一天被枪杀,凶手仍逍遥法外。接待我们的朋友说,在新奥尔良当警察不是好玩的,弄不好哪天就被杀了。那个城市失业率很高,犯罪率也相对比别的城市要高,不了解情况的外地人可能会觉得晚上的停车位很多,但只要把车停在街上过夜,第二天早上十有八九车就会被砸坏甚至烧掉。朋友再三忠告我们,出去玩的时候不要离开热闹的地方;如果车被撞也不要停下来与对方交涉,因为很可能是肇事者看好外地车才故意撞过来,不明真相的外地人总是理直气壮地下来要对方的资料,却不曾想这是个圈套,正好给肇事者造成抢劫的机会。如此这般,听得我们直感到危机四伏。

但该玩还得玩。新奥尔良最有名的旅游点要算市中心的法国区了,那里连续好几条街全是酒吧、舞厅、餐馆和礼品店,去一趟就能把这个城市最关键的东西体会得差不多。像许多娱乐场所一样,夜晚才是那里的最佳活动时间。天黑以后城里的其它地方都安静得有点怕人,在别的城市不愿见到警察,在新奥尔良见了警察才有安全感。不过,一到法国区就不一样了,川流不息的游人也不知道是从哪里冒出来的,各种娱乐场所的彩灯照得一切通亮,营造出热闹的气氛;几步路就有一家的酒吧无一例外地传出震耳欲聋的音乐,昏暗的脱衣舞厅恰到好处地让人看到欲藏又露的妙龄女郎,餐馆里飘出的说不出来的各种香味弥

漫在空气中，所有礼品店一律打着大降价的牌子……总之，让你走在街上什么都想看又什么都可以不看。

　　酒吧自然是首选的去处，毕竟那里是爵士乐的家乡。几乎所有酒吧门口都贴着广告，都号称当晚的乐队如何有名、如何正宗。我们都不懂爵士乐，实在听不出个所以然来，加上用不着进去也听得清清楚楚，也就不愿花钱进去酒吧抽二手烟，让惊人的乐声把心震出来。有趣的是，每个酒吧门口都挤着很多人，他们大多不是手里端着酒就是和着音乐旁若无人地跳着舞，反正是既不想进去又不愿离去。我看着他们，很有一种英雄所见略同的感觉；又禁不住地想，到底有多少人知道爵士乐是怎么回事？但不管怎么说它吸引了游客，不可否认，音乐总是有感染力的。

　　脱衣舞厅也是新奥尔良的"招牌"之一，各家的门口都有一个搞"公关"的，口若悬河地向游人保证他们那里的表演有多好、脱衣者的身材有多一流，其中一家说他们不收门票，并扬言他们的表演达到拉斯维加斯的水准。

我们犹豫地站在门口：在国内受的多年教育使我们对这种低级场所有本能的抗拒。很快，一个新的想法又在我的脑子里占了上风：西方人能面对的东西，中国人为什么要逃避呢？就这么想着，我们已经走进了舞厅。

一个满脸笑容的小姐迎上来问我们喝什么，根据朋友的介绍，舞厅里的收费高得惊人，最便宜的是可乐之类的软饮料，所以点了饮料不要很快喝完，否则小姐会没完没了地来服务。我们如法炮制地要了软饮料，小姐端来饮料，找回零钱，很明显，她故意把钱打得很散，希望我们把它留作小费。

舞厅中间是个很小的舞台，"跳舞"者在上面做着各种不必要的动作展示正常情况下不该暴露的一切，舞台周围坐着一圈人，他们伸手可及舞女，调情之余把小费塞过去。有的舞女一曲下来没有拿到小费，便会近乎赤身裸体地靠到那一圈看客身上，这时看客一般不好再不解囊。原来根据不成文的规定，坐在那些"最好"位置的人应该多给小费，不能一睹为快了事。

我实在想不通为什么有人能为了钱不惜向陌生人暴露自己的身体，为什么有人会为了满足对异性身体的好奇而不断地往外付钱，但这毕竟构成了一种供需关系，尽管这种关系使人欲横流，但它也有游戏规则，愿者上钩，似乎也无可厚非，况且被吸引进去的还有很多提起脱衣舞厅就一脸不屑的表情、但绝不反对一生中看一次的人。人归根到底是好奇的，也许这是一切低级娱乐场所存在的根本原因。西方人比中国人更能面对人性，虽然社会上不乏惊呼世风日下的人士，政府也不时出面打击过于猖獗的色情活动，但总的来说还是自由选择，结果不去这些地方的人还是绝大多数。

  走出脱衣舞厅，像是了结了一件心事又感到一阵不是滋味，不知是因为觉得自己不能脱俗还是为脱衣者感叹，总之只想赶快离开那个地方。

  于是走进一家法国餐馆。以前也吃过法国菜，但印象最深的还是它的面包和香肠这些基本的东西，别的菜虽说好吃但总也记不住菜名，尽管明知中法两种菜式不具什么可比性，一顿饭下来怎么也难同意法国菜比中国菜好吃，但这次想吃法国餐纯粹是因为它是新奥尔良的招牌之一。点了几个菜单上推荐的菜，很用心地去品尝，和先生交换一下目光——显然没够上名不虚传的级别，但毕竟是吃另一个民族的菜，口味不一样，所以也不愿讲半点不好的话，须知，如果不吃这一顿就离开会有壮志未酬的感觉。

  在新奥尔良的日子很短，走马观花一回但所见所闻却不是过眼烟云。

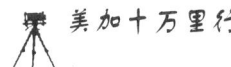

10 休斯敦：航天中心和其它

休斯敦在美国算得上个知名城市，所以我早早就在中国听说过它，隐约觉得那个地方产石油，后来认识的一个从事物理研究的美国朋友告诉我，令休斯敦有名的还有那里的航天中心，那里是美国的国家宇航局(NASA)的一个重要基地。

于是脑子里对休斯敦有了不少想象，偏偏没想到它会那么热。以前并没注意它在美国哪个地方，到美国后才知道它在南方；但自己身在北方也没去想象那里的气候。所以夏天里开了好几千英里到休斯敦时，对那扑面而来的沙漠热浪既没思想准备也吃不消。唯有那比任何城市都多的加油站和比任何地方都便宜的油价，还让人觉得这个地方确实是休斯敦。

休斯敦是美国的第四大城市，所在的得克萨斯州处在亚热带的沙漠地区，地理位置的先天不足使它的经济不如沿海地区发达，所以开着车要跑上六七个小时才会见到一个大点儿的城市。从路易斯安那州一进得克萨斯州，迎面而来的是6面不同的旗子。请教了询问处的人，才知道那6面旗帜飘扬着的是得克萨斯的历史：它们分别是治理过这个州的西班牙、法国、墨西哥、得克萨斯共和国、南部联盟的旗帜和现在它所属的美国国旗。

我一个中学时的好朋友定居在休斯敦，新买的房子刚刚装修停当，使我们得以舒舒服服地住下来。她的房子的总面积以及前后院子都比我们见过的许多美国家庭的要大，价格却比其它地方要便宜得多；跟旧金山这样的城市比起来，休斯敦的房子要便宜差不多2/3。朋友说，夏天里所有室内都开着空调，所以在休斯敦的生活质量并不会因为热而降低多少，而买房子的花费则比别处少十几万,实在没必要都往气候好的地方挤,直听得我也觉得如果要在美国定居不妨住在休斯敦。

朋友又实事求是地说,休斯敦除了航天中心没什么可玩的,除非我有兴趣起个大早去钓螃蟹——那是不少年轻人都热衷过的事:带上点发臭的鸡肉,用小绳绑好后往海里扔,等螃蟹去吃时慢慢地把鸡肉往岸边拉,出水面前用小网兜把螃蟹捞住。我只听说过钓鱼,没想到螃蟹也可以钓,马上就来了兴趣。朋友当下从冰箱里拿出一大袋鸡腿,放在太阳下晒——螃蟹不知哪来的毛病,竟有吃臭肉的习惯;更难得的是,人居然会了解到这点,也就不妨投其所好了。

第二天早上4点半,我们几个就摸着黑出发了。先是开了近一小时的车,然后坐轮渡,又继续开了一会车,终于到了一个叫盖尔瓦斯顿(Galveston)的小岛。这个濒临墨西哥湾的小岛,在地图上很不起眼,但它的维多利亚式建筑却远近闻名,吸引了不少游客,其地理位置也吸引了不少钓鱼钓蟹者。下得车来,我们全副武装地顺着一条石头砌成的小堤走进海里,摆好阵势后向海里投了8个鸡腿。朋友说,如果留在岸边的绳子动了,很可能就是螃蟹咬钩了。

我在岸上来回走了不到一圈,就见几条绳都动了,连忙往回拉,不料不是绳断了就是鸡腿脱了绳,或是操之过急把螃蟹惊跑了,不一会儿就只剩下两对有效的绳和鸡腿了。朋友见势让我停职在一旁观察,又把绳加粗,把鸡腿绑紧,重整旗鼓后才又把诱饵投进了水里。

其实,比起钓鱼,钓螃蟹要来得痛快得多,因为螃蟹较重,一咬鸡腿绳就很明显地晃动,吃起东西也比鱼更投入,傻傻地用双钳抱住鸡腿;鱼还有可能在空中挣脱逃离,螃蟹却是没露出水面就被网兜捞起

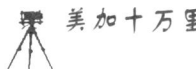

了。所以，钓螃蟹比钓鱼要更有成就感，一点点把螃蟹拉向岸边时更有牵着它鼻子走的快感。

我很快就出师了，一心一意地守着一条绳，有一次竟同时捞起了两只蟹——那两位大概是太投入了，谁也没注意到那已经被咬得斑斑驳驳的鸡腿有什么异样，甚至在被捞到桶里以后，它们还互相紧搂，很让我感到不忍……不到1小时，我们就钓了近30只蟹。此时天也开始发亮，我这才发现旁边的石头有被烧的痕迹，更有残留的蟹壳，想必有人早已先尝为快了。听说，钓鱼、钓蟹曾给不少中国留学生带去轻松的乐趣和免费的佳肴。

第二天，我们去了休斯敦的首选去处。那里的售票制度跟美国很多游乐场所一样，向本市市民提供低价年票，一年里只要去上3次，就已经超过了分别买3张门票的价值；而宇航中心里的不少项目是不断更新的，每次去总有一些新东西可看，所以市民中有许多是常客，光是带小孩长长见识也值得一去，因为中心

12

里有不少项目是很能吸引儿童的：模拟宇航舱、让人体会宇航员失重感觉的特殊椅子、用浅显语言讲解的宇航员在天外的生活……同一天里，游客可以多次出入宇航中心，每次出去前检票员会往游人手上打一个无形的印章，以便回来时得到检票系统的认可。

成人感兴趣的项目也很多，其中一个是70年代把人送上月球的火箭的备份——是个长363英尺（约110米）、底部直径为33英尺（约10米）的实物，与当年发射宇宙飞船的火箭是孪生兄弟——如果那只抢了风头的火箭当时有什么差错的话，那么写下这段历史的就该是它了！看着那个庞然大物，向来对科学不太感兴趣的我不禁对科学肃然起敬。

我们还走进了能看到宇航指挥中心里一切活动的大厅——美国这一运用到包括亚特兰大的美国有线电视网(CNN)新闻中心和华盛顿D.C.的美元印刷厂等的旅游招数很让人折服：用玻璃把游客和工作人员隔开，游客既能看到工作人员的操作实况又不会影响工作的正常进行。宇航指挥中心有一个巨大的屏幕，显示着我们看不懂的信息，令人对中心的一切产生莫名的敬畏。

宇航中心同时也是宇航员培训基地：一个巨大的室内空间容纳了各种我们平时看不到的宇航舱设施，未来的宇航员就是在这种模拟的环境里练习在太空生活的。最引人注目的是一个游泳池样的池子，那是帮助宇航员适应在太空中失重状态的练习池。

走出宇航中心时，我的目光被靠近出口处上方的不断变换的图像吸引住了，原来它们是正在太空执行任务的宇航员和下一批接替他们的宇航员的照片和简介。看着这些跨越时空的同类，我忽然觉得自己一直视之为不可思议的神秘的宇航活动变得有点真实了。

如果真有上帝的话，他一定会为自己创造的生命而自豪的：人确实是了不起的动物，一点一点地建立起知识的大厦，硬是造出那么些令人生畏的东西把人和各种仪器送离地球，把科技发展到天外，为自己在地球上的活动服务！

忽然觉得自己很幸运，毕竟不是所有人都有机会到休斯敦体会这一切的，由于有宇航中心的记忆，休斯敦在我的心中也就有了一个不朽的位置。

13

11 热辣辣的美国

在中国广州长大的我,自以为对热很适应,所以美国的北方朋友向我渲染南方如何炎热时,我摆出一副久经考验的姿态,"别忘了我也是南方人。"

已是7月中旬,连北方人也热得嗷嗷叫,这时往南走实在是心平气和,心想那里再热也得有个限度。一路车里冷气大开,也没觉出什么南北差异,到了佛罗里达的奥兰多就有点不对了,大清早出门热气就从马路直冲上来,我忍不住抱怨,

"这天怎这么热,到迪斯尼排队还不得晒死几个!"

"耶,听你这么说,好像你不是广州来的似的!"同是从广州来定居在奥兰多的朋友发话了。

"广州哪有这么热?"

"告诉你,奥兰多的天气跟广州很相像,夏天又热又湿!"朋友嚷嚷道。

从奥兰多往西,经过路易斯安那州的新奥尔良,情况没有一点好转。再朝西去,得克萨斯州的休斯敦和奥斯丁不但热不可耐,而且越来越干燥,沙漠的景观慢慢多起来,树木越来越少,越来越矮小,到了亚利桑那州的图桑时,干脆就难得见到树木了,高温越发让人接受不了,我们走进朋友准备好的房间就打死也不愿出门了。

在亚利桑那州立大学读书的朋友说,图桑非常干燥,一定要不停地喝水,否则会流鼻血。她到那儿的第一年住在房东家,为了搞好关系,每天早上都主动浇花园。到了第三天房东耐不住了,告诉她沙漠地区的水特别贵,每天浇水他吃不消。所以,要想知道哪家人富有,标准之一就是看院子里有没有绿草绿树。

朋友这3年都在图桑，热得没了表情，发誓毕业后离开那个地方。我说我不明白为什么还有人愿意在那里生活，朋友就讲了一个故事：州立大学最近喜获一个生物方面的专家，原因是他得了一种病，只有图桑那样的气候才对他的身体有利，于是举家搬迁，一时间图桑的居民们心理平衡了许多——它的气候再坏至少还能造福某些人。

图桑最与众不同的要算它的沙漠博物馆了，一路开车过去，视野里撞进越来越多的仙人科植物：仙人柱直挺挺地立着，带着阳刚；仙人掌的臂膀舒展着，带着阴柔；仙人球抱着团你拥我挤着，带着顽皮；仙人花哈哈地笑着，带着美艳。这个大家族镇守在别的植物无法生存的漠地里，身上清一色鼓鼓地带着刺，好像是被太阳晒得不耐烦，随时会暴跳如雷。沙漠博物馆似乎就是在仙人植物最多的地方把地一圈，修出几条小路以便人们放心地在仙人丛中穿游。以前在国内弄到几个仙人球就是挺稀罕的事，不曾想有一天会走进一个只有仙人球和它的族亲的世界。

出得车来，就像掉进一个大蒸汽池里，热气贴着脚跟攀沿而上，太阳伞根本无济于事，衣服遮不到的皮肤都被热盖住裹住，让人怎么躲藏都没用，生命立时有干枯的危险，只有仙人家族的绿色使人镇静下来，我忽然明白为什么人们把绿色与希望和生机联系在一起，这种感觉大概只有在沙漠才会那么真切。不知哪个中国人为仙人科植物起了这么个名字，在干旱缺水的荒漠，它们竟那么富于肉质又充满水分，确实得有仙气。我在大太阳底下站了不到一分钟，浑身的汗毛就好像都竖了起来，也许仙人植物身上的刺就是被热出来的吧！

出了图桑再往西北走，渐渐就看不到仙人家族了，人烟也隐去了。回想起来，有仙人植物的地方就有人烟，仙人大概是人的保护神，告诉着人们生命的信息。继续往西北走，黄色就慢慢地压了过来，一点一点地吞没了绿色。不知不觉中，两旁堆起了黄土山，干干地形成一个个泥粉质的小山峰，好似从远古时就定格般僵在那里。世界只剩下热、黄土和绵延看不见尽头的公路，除了汽车的发动机声，世上的声音好像都被热吸走、被黄土淹没了。我顿时有迷路离开了地球的感觉，唯有紧随那人造的公路走回文明。也许是因为车外没什么可看的东西，先生的眼睛盯上了车里的各类显示器，"糟糕！马达的气温已经到了危险的刻度了！"

"那怎么办？这里可是前不着村后不着店啊！"我慌了。

"可能只有停下来让它冷却了。"先生想当然地说。

我们把车停在路旁。车内的冷气呼啦一下就被外面的热卷走了，温度像有生命似地猛地往上窜。我下意识地拉下车窗，热就像液体一样流进来，专往人的身上跑。"天啊，这车像熔炉！"我大喊，冲出车门。

先生比我理性一点，第一时间把车头盖打开，白色的蒸汽轰然升起，"这车热得要爆炸！"

"这空气热得能烫死人！"我分明感到热紧紧地裹住了我，好像穿上了一件用热做的紧身衣。

前后都没有人迹，如果再等下去，我们很快也会冒烟，因为我们身上的水分明显是蒸发出去了，根本连汗都出不来。

先生说我们必须往前走——关上空调，那样可以少用马力。于是车窗大敞地向前开，热浪滚滚而来，如同什么人迎头泼来没有重量的热水。我们失去了一切防热能力，只有任热风肆虐。我打开冰壶，见早些时候买的冰块已经化成小小的冰丸，但至少还可以拿出来含在嘴里，这成了我们唯一的冷却办法。就这样机械地往前开了两个多小时，终于开始爬山了，"感谢上帝，你觉出来了吗？温度开始下降啦！"我欢呼起来。

先生长长地透了口气，"这可以叫热里逃生了！"

原来我们进入了大峡谷地区。以后的两天我们毫无怨言地投入在山那潮润、寒凉的怀抱里，极力忘却那段与世隔绝的旅程和那不依不饶的热。等走上去拉斯维加斯的路时，我们几乎无法相信往西开会再度掉进热的深渊。然而，两小时后气温又明显上升，发动机的温度高得怕人，于是关上空调、拉下车窗，让滚烫的热风钻进车里。那种发不出汗的热把人身上的血都送到头上，令人真正地头脑发热起来，有了一种要豁出去孤注一掷的冲动——这对去赌城的人来说无疑是一种热身形式，或者说赌城是在沙漠里被煎蒸得热气腾腾的人的绝好的发泄场所，当初内华达人穷则思变地建赌城时，大概没想到令他们贫困的沙漠和热，反过来也能起助赌兴的作用吧。

领教了，热辣辣的美国！

12 美国的峡谷

提起美国的峡谷，一般人大概只会想到被科罗拉多河切割而成的、在亚利桑那州的国家公园里的峡谷为最壮观的大峡谷。所以，在到了怀俄明、蒙大拿和爱达荷3州境内的黄石公园后，听说那个以间歇泉闻名的地方有个黄石大峡谷时，刚去过亚利桑那大峡谷的我不屑地哼了哼，心想等看够了老忠实泉们还有富裕时间的话再考虑看它了。但拿起黄石公园的简介一看，好像它的峡谷多少有点不同凡响，刚好它离我们的住处也不远，索性第一天就去看了。

这一看吃惊不小，我马上就替它打起抱不平来：黄石大峡谷跟亚利桑那的大峡谷固然是两回事，但其壮观程度一点也不逊色，凭什么旅游界在宣传峡谷时只推大峡谷，宣传黄石公园时又只提间歇泉，硬是让有特色的黄石大峡谷就这么默默无闻？莫非这里面也有突出重点、牺牲个别的说法？

若是用人间的话说，亚利桑那大峡谷和黄石大峡谷该是很好的一对。如果亚利桑那大峡谷是男性的，那么黄石大峡谷就是女性的——亚利桑那大峡谷伟岸、挺拔，黄石大峡谷秀丽、俊俏。据说亚利桑那大峡谷是经过300~600万年的河水切割、雨水冲刷、雪水和霜冻侵蚀、风化和热化的结果，它的顶层土质已变得干燥、土的颜色也从本来的黄色和红色淡化，给人一种饱经风霜、久经考验的震撼。加上它那长达277英里、宽18英里的断层的气势，更给人一种磅礴的历史感。

黄石大峡谷的形成跟那个地区久远的火山活动有关，火山爆发后产生的熔岩冷却形成了流纹岩，流纹岩被各种酸、气体、蒸汽腐蚀后再被奔流的黄石河水一冲，便慢慢造就了黄石大峡谷。从外观上看，它远不如亚利桑那大峡谷那样有气派，却不失风范地自成一格，展现着自然界的一派清丽和绵绵不尽的生息。

亚利桑那大峡谷以男性的气概大大方方地向人们敞露着胸怀，它的沟沟壑壑迂回曲折，构成人们想象得到和想象不到的种种平台、斜坡和形状。黄石大峡谷则以女性的气质含蓄地遮盖着胸怀，同时又无法掩藏住它多姿的体态，曲线毕露地展示着凹凸不平的山山坡坡。亚利桑那大峡谷干燥的土壤干干脆脆地从平地拉开一道巨大的裂缝，让哪怕是最有思想准备的游客看到后都会对它沉寂的阳刚之躯肃然起敬，不由自主地以沉默来感叹它的存在。黄石大峡谷的潮润的土壤羞羞答答地在平地上扯出一道口子，使游客对它满是绿树的阴柔怜爱有加，情不自禁地要走近它来感受它的存在。

如果说亚利桑那大峡谷简单明快的黄、红色的土是不加修饰但不乏魅力的男子汉，那么黄石大峡谷多层次的从浅黄到橘红的综合系列色的土则是淡妆之下千娇百媚的俏小姐。亚利桑那大峡谷的主要缔造者科罗拉多河对从上往下看的游客只是个理论上的生灵，它卓有成效地把大峡谷往地球深处割去，却不再露面给不顺着羊肠小道下去寻它的人，使大峡谷平添了一种深沉和神秘。黄石大峡谷的重要创造者黄石河却不介意人们看到它的芳踪，活活泼泼地在弯曲的河道上忽隐忽现，让捕捉它的游人贪婪地追逐着它直到无穷的远处，给黄石大峡谷带去一种平易近人又可望不可及的魔力……

看过亚利桑那大峡谷后惊呼叹为观止的人，再看黄石大峡谷就会自认孤陋寡闻了。自然界在美国造出这么一双门当户对的尤物，谁敢说世上别的所在没有类似的奇观呢？看着风格各异的峡谷，试着去想象它

美国的峡谷

们经历过的非人类所及的岁月,谁会不变得卑微谦逊呢?比人类要老资格得多的峡谷静静地横卧着,全然不理会人们是否发现了它们、是否赞叹它们的存在,有意无意地让有幸一睹它们风貌的人们在惊叹中陷入沉思……

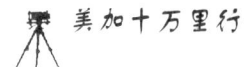

13 拉斯维加斯：一"睹"为快

从小在中国受的教育，一直认为赌博是很堕落的事，所以从没想过自己有一天会去赌场，即便是去了也绝不会赌。但某天从华盛顿D.C.回家的途中，见到去大西洋赌城的路标，热血忽然沸腾起来，一念之差就往赌城去了，嘴里却硬着，"去看看而已，我是不会赌的。"

先生在一边说，"去赌场不赌就跟没去一样，我们各赌5块钱怎样？"

一想也有道理，到了大西洋城，找了家门面较大的赌场，换了筹码在老虎机前坐定。听着别的机器掉下筹码来，自己的却只管收筹码，一会功夫就把先生那5块钱的定额也搭了进去。

"哎，我说，我们才来十几分钟，这样就走太不够劲，再来10块钱怎样？"我边问边恨自己。

"看看，上瘾了不是？人家赚的就是你这种人的钱。那10块钱干什么不好，非要赌了去？实在要赌，就留着到拉斯维加斯去，那毕竟是最大的赌城。"先生高瞻远瞩地说。

就这样意犹未尽地离开了大西洋赌城。

对拉斯维加斯的介绍听得看得多了，又自认为想象力很丰富，所以对它的壮观早有思想准备。但在沙漠里开了六七个小时，见惯了枯燥的荒地，受够了热罪以后，突然见到这座高楼林立的城市，走进那便宜得一塌糊涂的四星级酒店，一头倒在那巨大的床上时，就已经开始唱起颂歌来，

"够意思！毕竟是拉斯维加斯！"

拉斯维加斯的大酒店全都设有巨大的赌场、餐

厅、表演厅，全都以各种方式最大限度地让客人解囊。但酒店实在是太多，游人无不利用资本主义竞争的优越性，哪家的单项便宜就往哪家走，来情绪就在那里的赌场赌一把。

　　拉斯维加斯可看的东西很多，各种各样的表演很精彩，设计独特的酒店引人入胜，赌钱反而成了次要的事。各酒店的节目固然是各有特色，从绝对低级的人体表演到相对高雅的歌舞应有尽有，大型歌舞一般几年一换内容。目前最有名的两场表演分别在海市蜃楼酒店和贝利斯酒店推出，前者门票100美元，其王牌表演者是世上罕见的白色老虎，后者门票近50美元，以其美女和大型集体歌舞著称。因为事先知道海市蜃楼酒店在白天免费让人参观白虎，我们就乐得去看贝利斯酒店的表演。

　　进得表演厅，就有人上来领座，还算好，位子很前，是个供4人坐的半圆形连椅桌。却见位子已经满座，两个男的像中东石油国的人，女的则是美国人。领座的有礼貌地请他们其中一对坐到自己的位子去。4人对视一下，不情愿地起来两个。

　　我们坐下，大家一时没话，似乎都感到扫兴，只听那女的说，"真没意思，坐得好好的，硬把人家赶走，我看今晚没啥劲了！"

　　男的没做声，我心头火起了：是他们坐了我们的位子，怎么反而像是我们破坏了他们的玩兴似的？但我还是尽量若无其事地安坐着。

　　"你说我们跟他们换换座位怎样？"女的推了男的一把。

　　男的还是没做声。"听到没有？你问问呀！"又是女的声音，这回带了点娇滴。

　　"对不起，我们可不可以……"男的终于说话了。

"没问题!"我不等他说完就恨恨地说。

"哎呀,太谢谢你们了!"女的马上振奋起来,大肆招手示意那对朋友过来。

"真谢谢你们,"男的很知恩地说,"我能给你们要点什么饮料吗?"

"不用!"我不屑地说。

另一对男女走过来,连声道着谢。我笑笑,仍是忘不了那女的德性。

在新座位上坐下来一会,服务小姐就过来,"那边那个先生说要给你们买饮料,你们想用点什么?"

"什么都不用,请你谢谢他。"我淡淡地说,心想这人还算诚心,气开始消了,用余光看小姐过去回话时那4个人的表情,似乎看出点不安来。我故意不看他们,却感到那位男士在试图吸引我们的注意力。转念一想,自己在义举之后未免太小气,于是朝那边看去,那男士像获救一般挥手,嘴里是"谢谢"的口形,其余的人也满脸善意地朝我们点头。一时间我感到前嫌尽释,不由得为自己一开始的忍让感到自豪。

贝利斯的歌舞没什么太高的艺术性,但演员的阵容、服装的不断变换代表了拉斯维加斯式的花钱如流水的气派,整个舞台充满了80来个在舞台中央、前后、左右、空中的动作各异的演员,换景、换装之快、之自然可以说是现代舞台的一流水平。1个半小时下来观众目不暇接。令我不满的是表演中所有女演员几次毫无道理地裸露上身,令人确信那是为提高票房价值的所为。

入夜的拉斯维加斯绝对是人欲横流的世界,到那里的人都在不同程度上为消费而去。脱衣舞厅昏暗的灯光故意地用视觉刺激把人引得欲火中烧;赌场里个别人赢钱的兴奋激励着其它人去试自己的运气，赌场里豪华的装饰、红暗相宜的灯光诱得再穷的人也大开赌戒；餐馆里、酒吧里、客房里满是享受基本生存欲望的芸芸众生。

然而，满足人们欲望的载体却是建筑的精华。设计师们极尽创造力，把一家家酒店设计得差点超过人的想象力，让它们在白天以色彩、形状取胜，晚上以灯火诱人。不过分地说，拉斯维加斯的建筑构成了世界建筑博览会的基本架子。夜晚漫步街头，看着各酒店门口那疯也似的流动的霓红灯，赌徒的热血就沸腾起来，超脱者的想象力就会飞跑起来，任由那多彩的、时刻变换的图案带着直钻到虚无中去……闪烁的华灯组合好像在一座座高楼上安静地呐喊，"到我这儿来吧！"

如果说拉斯维加斯的建筑晚上给人一种虚幻，那么白天它们就给人一种真实。你会清清楚楚地看到MGM酒店的狮身人面像、勒舍酒店的别具一格的金字塔造型、还有貌似迪斯尼标志的城堡型酒店……总

之，形状和色彩丰富得你叫绝、气势磅礴得你目瞪口呆，让你觉得只去这家不去那家是非理智的事。站在马路当中的天桥上，前后左右置身于集中了人类智慧的建筑中，你会觉得自己渺小又会有一种博大的豪迈感——人毕竟是它们的创造者！

15

走进任意一家赌场，不绝于耳的是赌家赢钱后硬币掉进金属容器的碰撞声。据说每部老虎机的输赢概率都是精心设定的，赌家用靠门边的机器赢的可能性会大一点，这种设置是为了引诱站在门边犹豫不决的人下赌池。

我走进老虎机区，努力地压制着不断上涌的赌兴，忽见有每次只收5美分的机器，喜出望外地拿出5美元换了100个筹码，又自我说服地说："这里的吃住都比别的地方便宜，输掉5块钱也不吃亏。"

于是一左一右和先生各自摆开赌阵，只听他那边不时赢钱，便要求赐教，他说首先要看老虎机上的说明，有的赢小钱的机会较多，像我这号急于求成的人就比较适合玩这种，以便常常得到鼓励，听得我的兴趣越来越大，敢情这赌博还有点科学性。于是换了台机小打小闹开了，没扔进几个筹码，旁边的老年妇女的机器就热情洋溢地掉下筹码来，一阵让人心花怒放的叮叮当当过后，她得了200多美元，老太太忙不迭地找了几个容器把筹码装起来去换钱，"小姐，这机器可好了，我的团队要走了，你接着用它吧。"

我谢过她，心里却很清醒：你一下子赢了那么多，我再去不是白送钱吗？于是坚守自己的机器，输5个赢2个地等待着运气。

陆续有人到那台机上玩，都是老年妇女。以前就听说很多退休妇女没事做，把退休金都扔进老虎机了。我好心地一一告诉她们："这机器运气不错，刚出了不少钱。"她们听了都先喜后忧，断定没什么赌头，纷纷弃机而去，唯有一个锲而不舍地往里放筹码。我正暗暗为她的固执惋惜，却听那机器失控般往下吐筹码，又下了200多块钱来。老太太欢天喜地地去换钱，留下我继续苦心经营那欲擒故纵的老虎机。我开始和先生商量该不该换到那台两次掉下钱来的机器上。

"但它刚才已经出过两次大钱了。"我说。

"刚才它出了第一次以后还出了第二次呢。"先生说。

"算了算了，我们赌得太理智，大输不了，也大赢不了。"我说。

于是在欲输不能、欲赌不忍的矛盾中收场。第二天早上又吃了一顿极优惠的早饭，头脑清醒地走到大街上，忽然发现自己喜欢上了那个城市：物欲和人类的才智竟那么完美地结合在一起，它简直是美国文化的一个象征：本身是为了掏人们兜里的钱而建的，却同时集中人类的才智创造了令人们或低级或高雅的欲望都能得到满足的物质，弄得赌钱的人也文明了，没见谁在输了或赢了以后大呼小叫的，一切都是你情我愿，难怪它成了全美、全世界的旅游热点。

说到底，那里有名的酒店都跟赌无关：海市蜃楼酒店不但以它的室内"热带雨林"咖啡厅闻名，而且以晚上的白虎表演和酒店门外每15分钟一次的人造火山爆发著称；拥有4000多个客房的MGM酒店，以狮身人面像作标志，在市中心独占了大片一律以绿色玻璃为外装饰的楼房，直到最近还是全世界客房最多的酒店和赌场；但它的霸主地位将被马上就要投入使用的纽约·纽约酒店取而代之，这个巨型酒店把纽约市的10幢大型建筑分别缩小2/3，再把它们拼成一个整体；贝利斯酒店在拉斯维加斯的酒店群里，外观很不起眼，但它的表演歌舞队却一直独领风骚……

一般人大概不会想到，拉斯维加斯还是美国的特大型会议理所当然的场所，比如计算机的一个会议每年都在那里召开，因为那个行业需要的场地只有拉斯维加斯才有，1996年它的年会需要50个足球场那么大的地方搞展览，拉斯维加斯的酒店就派上了大用场。

离开拉斯维加斯时竟有点依依不舍。

"再赌5块钱怎样？"先生试探地问。

"我说怎么总感到心里不踏实，感情是没赌够啊！"

于是又换了100个筹码，痛痛快快地赌开了。

哈哈，拉斯维加斯，真是一赌为快呀！

14 加利福尼亚州一览

　　印象中的加利福尼亚州美丽富饶，但从内华达州的拉斯维加斯往西，一路往它的领地内的美国第二大城市洛杉矶方向开了5个小时，至少有4个小时走在茫茫荒漠上，这才知道加州的主要部分一片贫瘠。上帝似乎不愿看着美国的西南部就这样荒凉下去，于是让加州西边的一长溜地带忽地肥沃起来，让它们的气候和生存环境都占尽优势，加州人就蜂拥到西边红红火火地过起日子来。

　　听一个朋友说过，他最难忘的城市景观是从飞机上看到的洛杉矶城市群，密集的小城市像是天女撒的花一样，飘飘扬扬地落了一地，即便是从天上看去也找不到尽头。我们是开车进的洛杉矶，无缘从天上领略它的壮阔，只有在地面触摸它的脉搏。走进洛杉矶地区，高速公路的网络越来越宽地伸延开去，交通却越来越繁忙，不熟悉路的外地人就渐渐地进入一级战备状态，须得两个人

集中全副精力才能及时换道、在正确的路口进出高速公路。听在当地定居的朋友说，那里的高速公路网是世界上最发达的，它把以洛杉矶市为中心的80多个城市连接在一起，形成了全球最大的城市群；这些城市的经济活动紧密相连，公路是其重要的枢纽。所以，人们出去办事动不动就上高速，不经意间就开过好几个城市。

一个朋友打趣说，要在洛杉矶一带生活，命都会比别人短几年，因为高速公路上太紧张，有工作的人每天开上一两个小时车是稀松平常的事。我听了直庆幸自己不在那里生活，刚到洛杉矶时，坐在车里看人家开车都感到魂飞魄散，在那里呆了两天也没什么长进，特别是走在中间的车道上，看两边飞驰的车仍是禁不住心惊肉跳。过惯了这种生活的洛杉矶人却从容得很，尤其是上班高峰时，在车里吃早餐的大有人在，最绝的是某女士，竟在车里做卷睫毛这样的高难度动作！

洛杉矶市中心却没有什么好名声，据说在城里上班的人一下班就往城外开，因为下午5点半以后，抢劫之类的事发生的可能性就大了。洛杉矶的种族冲突向来突出，造成了一种潜在的不安定。开车的人稍加注意，就会看到一些主要路口都站着行乞的人。听说他们都有自己的地盘，几年如一日地在同一个地方守着。

洛杉矶城市群之一的欧文是60年代发展起来的新城，取名于一个以其为姓氏的富有农场主。欧文的特别之处在于它是完完全全按规划建设起来的，建筑师们以现代的设计思想把一切都摆设得井井有条。开车在它的街道走一圈，马上会感到一种理性和科学的美。市中心的表演艺术中心是建筑师思想的精华，整个设计扑朔迷离，形状奇异又不失艺术性，门前一丛丛灌木被截得方方正正，排列成阶梯型图案；不远处用石头围出一块空地，辟出一个小巧的日本式庭院，小石山和流水构成一幅雅致的图画，连灯光照射都调到了最佳的角度。这种格调贯穿了欧文的城市设计。这么个精心规划出来的城市自是赏心悦目，却未必是理想的居住地，因为高度的理性取代了人气，人在其中有一种站也不是、坐也不是的感觉；说句过分的话，连讨饭的也不会选它作基地。

　　旧金山是人们提起加州就必然想到的另一个城市，壮观的金门桥又为它提高了知名度。以旧金山为中心的湾区气候极佳，地价在全美国最昂贵之列，但这并不妨碍它成为最吸引人的居住地。居民们一方面抱怨房产的支出大，一方面理直气壮地自我安慰：这里的居住环境绝无仅有，不是有钱就能得到的。地杰往往人灵，近年来，作为湾区一部分的硅谷发展的高科技在世界上独领风骚。

　　从南到北，圣地亚哥、圣巴巴拉等海滨城市给加州人以洛杉矶、旧金山以外的居住选择，沙滩、亚热带风光、蓝蓝的海水、绿绿的草树，直让外地人嫉妒加州人这得天独厚的居住环境。

　　西海岸的101公路从洛杉矶开始直到华盛顿州的西雅图结束，从南往北叫人饱览沿海风光，美得使人无心开车。公路设计师早已预见到这种情况，每隔不多远就设一个临时停车处，好让旅行者痛痛快快地流连忘返。洛杉矶以北、旧金山以南的蒙特雷市大概是沿路城市中最值得看的一个。一进蒙特雷就会发现它的大树都很有型，它们都没有多少树干，几乎刚出土就长出众多的分支，各分支像有自己的生命似的七曲八弯地盘沿而上，宛如放大了的精心设计的盆景。

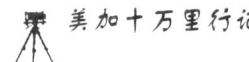

蒙特雷的地理位置使它有条件建一个全国闻名的水族馆，更有众所周知又名副其实的"十七英里旅程"，这段路每隔不远就有一个绝景：盘绕着海湾而建的高尔夫球场凹凹凸凸，蓝色的海水和绿色的草地相映，恰到好处地表现了高尔夫球运动那种绅士式的沉着和力度；一棵天生造型优美的松树，在大堆岩石中傲然而立，与大片海水刚柔相对，构成一幅和谐的画面；突出海面的一块大岩石，浑身驮满了叫声不断的海豹、海狮，体现着自然界动与静的完美结合；一幢古老的大石房子，被形状各异的石头、松树包围着，神秘而富有历史感……

加州人没有辜负天赐的好水土，不但物质生活过得好，文化建设也直追东部的老城市，斯坦福大学、加州大学伯克利分校、加州大学洛杉矶分校、加州理工大学等名校的出现，打破了早期名校全在东部的不均衡的地理现象；硅谷的崛起更显示了西部后来居上的地位。

近年来在加州大学伯克利分校注册的亚洲学生达60%，上届的校长就是个华裔，以洛杉矶、旧金山为主要居住地的华裔在加州已形成不可忽视的政治、经济力量。

美国人提起加州，不论是去过的还是没去过的，想到的总是阳光、海水，脸上少不了带点向往；在亲身体会过加州那人见人恋的一切以后，只要闭上眼睛，我就会看到那个充满色彩、充满生命、充满潜力的加州……

15 国家公园 · 红杉林

美国幅员广大，其中不可忽视的一部分是散布在各州的国家公园。自然保护意识产生得很早的美国人在1872年就设立了世界上第一个国家公园。美国的国家公园的大小跟中国的公园比起来，简直大得难以想象，就拿声名远扬的黄石公园来说，占地面积达8888平方公里，比美国的两个最小的州罗得岛州和特拉华州加起来的面积还要大；要把里头的主要景点匆忙地看个大概，开着车跑少说也要两三天。国家公园的最基本的资源是森林和生活在其中的野生动物，以及森林赖以生存的山和水。

国家公园的一切都得到最大限度的保护，政府管理部门都尽量减少人为的影响，顶多只是做点爬山的石级，有选择地砌一些野炊的炉灶，在安全的地方辟露营场地，再设一家纪念品商店，当然还会在合理的范围内设洗手间。

说起来国家公园没什么好玩的，它们也没有被围

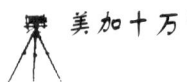

起来画地为牢，但总有人会想到那里走一走。与日常工作、生活的繁忙相比，公园的宁静和野趣就有了一种无可比拟的魅力。拿起一份公园的说明书和地图，你尽可以放心地顺着羊肠小道走进去，每过一段就能看到的路标，最终总会把人带回尘世。

国家公园面积大的特点使游人可以自选路径，胆大一点的，完全可以避开他人，逍遥地独辟蹊径，体会回归自然的感觉。当然，这种做法有时是要付出代价的，难免哪一次不会被野兽或坏人攻击。

加利福尼亚州的旧金山有一个在国家公园里不算太大的缪尔伍德兹公园，但它拥有的世界上为数不多的红杉树却是地球上的稀有物。外面大热的天，进了红杉林却是另一片洞天：参天的大树挡住了阳光，天空猛然暗了下来，气温骤降，前前后后、上上下下都是树。

红杉树的特点是直、粗、高，天下的树直的有，粗的有，高的有，不是亲眼所见的话，怎么也难相信红杉树能长这么直、这么粗、这么高，互相之间的距离又是这么密。据考证，一棵约61～106米高的树的树根大概只有1.8～3米长，这些树根虽短，但它们都横向发展，和临近的树根交织在一起，构成上百米长的根的网络，互相支持，顺理成章地形成大片树林；红杉树的生命力很强，不怕火也不怕害虫，寿命轻而易举地达到500～2000年不等。

开着车再往北走，就会一头撞进一个巨大的红杉林国家公园，铺天盖地而来的是互相紧挨的树。很明显，当年建公路时设计者尽量少砍树，所以只建了一来一往两条车道，有时为了保住一棵较大的树宁可把树周的车道弄得很窄。在红杉林里开车好像是在夜间行车，也像进入了与世隔绝的原始森林，不论朝哪个方向看都是树。随便停下车来,都能看到一棵奇粗或者奇高的树,森林里的鸟鸣声突出了林子里的静,叫出了静中的活鲜鲜的生命。从地图上看,没有几个小时是开不出这片红杉林的。据说,这个在我们看来无边无际的林子已被砍得严重减员,只是18世纪时的7689平方公里的大片树木中的4%。

美国人很知道红杉树在世上的罕有,所以把主要在加利福尼亚州境内的红杉林推荐到联合国,联合国在1980年把它列为世界遗产而严加保护起来。不过,美国人又是好奇而拜金的,对红杉树光是看还不过瘾,不知是谁想了个主意:把特粗的红杉树树干挖空,让猎奇者开车从中经过。听说在加州就有好几棵这样的树,其中一棵在另一国家公园优山美地内,1969年倒毙在大雪中;目前的3棵"空心"的红杉树都在加州的北部,均为私人财产。

我们也被好奇心所驱,到其中一棵"空心"树所在的最顺路的小城克拉马斯一饱眼福。这棵树龄700年、树高50米的红杉树在人的眼高处的直径为4.5米,被挖空部分宽2.23米,高2.44米,标准型小汽车和大多数面包车都能穿树而过。当然,要这么开一遭是要交两美元的,骑自行车或是人走也要交50美分。我站在树心里,只见树的被砍开的几侧都已经开始腐烂,心想要是叫那些狂热的环境保护主义者见到,一定会闹得满城风雨;但话又说回来,树是私人财产,别人无权干涉其主人的行为。

受到重点保护的红杉树中的稀有大树的命运,大概最能反映美国社会中各种力量的冲突和综合吧。

16 平平静静波特兰

一个对中国有点研究的美国教授曾说,俄勒冈州就像中国的广西省,所以俄勒冈在我的想象中就成了一个不太引人注目的、也没有太多自然资源的州。之所以要去它的一个城市波特兰,完全是因为先生有挺要好的朋友在那里。

热情的朋友计划带我们去玩,我问波特兰有什么好玩的,夫妇俩说也没什么,倒是可以去看看瀑布和大海;我又问那里的瀑布和海有什么特别,当妻子的问我看过什么瀑布,是不是开过101公路。我说见过不少瀑布了,包括最壮观的尼亚加拉大瀑布,而我们又正是沿着101公路开到波特兰的。那妻子直听得一脸为难,瀑布之最我们见过,101的景色又是出了名的,那还有波特兰什么事呢?

"波特兰一定会让你们失望的。"当丈夫的说。

"我们到这里主要是看你们,旅游是次要的。"先生乖巧地说。

夫妇俩先领着我们参观他们的房子,楼上楼下走下来,我就评论开了,

"我最喜欢的是你们的装饰画,清清淡淡的,很有味道。"

夫妇俩马上面露喜色,

"画上的景都是波特兰!"

"全是波特兰?"我有点不相信。

"全是波特兰。我们买画时也没注意看是哪里的景,后来对周围熟悉了,才发现画上的风景很眼熟,一看画上的字,真是又惭愧又高兴。"夫妇俩争相说。

于是两家人很振作地上了路。波特兰的夏天气温不低,但开着车没走多远就进入了绿树葱葱的州立公

园哥伦比亚峡谷风景区,只觉一下子凉快起来。绕着公路往前走,不时会见到景点牌,行人可随意停下游览。夫妇俩几年来多次当过东道主,对各处都很熟了,在哪里停都计划得好好的。

哥伦比亚峡谷区内有很多瀑布,所有瀑布都小巧玲珑,清清丽丽。它们依附的山都不高,游人又可以走到它们跟前,就都变得伸手可及了。仰头看去,水的主体并不像想象的那样飞落,而像被什么人在山顶推了一把,然后重重地跌落下来;主体水的周围那无数形态万千的水花水粉,则纷纷扬扬地撒落,甚至还要在中途打好几个滚,才蹦蹦跳跳地下来。不一会,仰着的脸就被看不见的水粉扑打得潮潮的了,那种凉凉的湿润给刚从热的世界来的游人一种痛快的清新。

瀑布群里最瘦长的一道水,上段秀秀气气的,中间的一段不知什么缘故变得虚幻起来,好似画中的虚笔,再下来一段就又回到现实中,活脱脱地落向人间,融入山脚的一潭水里。几个经不住诱惑的人穿着内裤跳进水里,试试探探地往瀑布和水潭的相交处游去。一个胆大的猛吸了口气,钻进了瀑布的入口。不知深浅的水上人都屏住呼吸等他上来;水底那位一定知道自己成了注意力的中心,憋足了气在下面呆了好一会,出水面时竟博得众人一片掌声。另几个在水里的,也不甘示弱地相继潜入瀑布底,再冒出水面时个个得意忘形地挥舞双手,把水上的观众馋得嗷嗷叫……

看山看瀑布看得很带劲,又乘兴去看海。沿着101公路的海岸线开去,朋友夫妇在几处停下车来,我们站在海边一阵感叹:波特兰地区的海岸怎能这么美?随便停下来往前看,映入眼帘的就是如画的风景。从一个小山头向海边望去,一棵叶子落尽的古树擎着几支傲骨分枝,构成一个刚劲的前景,背景则是极尽柔

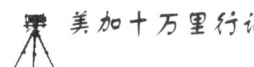

情拍打岸边礁石的湛蓝湛蓝的海水,一排排白色的浪沫把海水分出几个层次来,令人不自禁地惊叹自然的杰作。两个一看就像专业摄影师的人面对老树摆开三角架,全神贯注地瞄着这迷人的景色,随时抓拍那一幅幅稍纵即逝的画面。

18

　　另两处海景也是美不胜收。波特兰人实在会过日子,依着水建起房子,和海做起邻居来,出门就是一片绿草,接着是淡黄的海滩,几步之遥就过渡到礁石和海水的世界,背后就是无边无际的太平洋。天天守着这么个有声有色的美景,想必能轻而易举地多活它好些年。还有一处海边,没有一点沙滩的痕迹,只有3块房子般大小的礁石在离公路不远处的水里各就各位,彼此组成一个既独立又相互依托的小群体。它们身上都披着小草一样的绿色的生命,中间的一块斜斜地顶起一棵细小的有枝有叶的松,组成令人耳目一新的石、树、海景。

　　波特兰的市中心不像一般的城市那样杂乱甚至危险。威廉迈特河流经闹市,晚上市民们可以悠闲地在河的两岸漫步。一个从里向外的圆形人造间歇喷泉吸引着好动的孩子们，水一开喷，一群顽童就穿梭于无数条水柱中，无一例外地被淋得湿漉漉的；跳跃的儿童、飞喷的水、水幕里的灯光，把波特兰衬托得欢欢乐乐、祥祥和和。

在波特兰地区一天下来，就被它那种不铺不张的美吸引住，计划旅游时从没听人推荐过波特兰，大概正是因为它有名的几样东西别处都有更突出的，于是波特兰就平平静静地守着自己的美，波特兰人就安安逸逸地过着自己的日子，像我们这样的外人只有在偶然的机会，才会发现波特兰原来是个理想的生息地，于是忍不住要为它唱赞歌。

17 圣海伦火山

美国的历史不长,所以,美国人特别注重他们认为有意义的事件,最低限度也会立个牌子,写上说明,感兴趣的人自会驻足一读;大事件的记录方式就不一般了,或造个纪念碑,或建个纪念馆。美国是个好动的民族,人们在四处旅游之余,少不了顺路去看看。美国文化的一个部分,就这样潜移默化地流传下来。

美国人的这种方式,贯彻到了方方面面,华盛顿州的活火山圣海伦就是一个好例子。

圣海伦最近一次活动发生在1980年5月18日,美国的地质学家成功地预测到了这个事件,早早就发布了新闻,惹得各国火山研究者云集圣海伦,安营扎寨,各显所能,用照片、录像、文字等等,真实地反映了圣海伦爆发前后的情况,使圣海伦成为迄今世界上有最完整活动记录的火山。

然而,一切并没有到此结束。1982年,圣海伦被美国议会定为国家级火山遗址。10多年

圣海伦火山

来，圣海伦火山不但为地质学家们提供了大量的研究资料，而且成为普及火山教育的生动场所。

圣海伦位于吉福特平彻特国家森林公园内，前不着村，后不着店，游人需得开车进入火山区。公路边一出现"火山爆发焦灼区"的牌子，人们就开始看到齐唰唰、黑乎乎的树桩，树桩从最初的七零八落逐渐过渡到一大片，足见火山爆发时的威力和波及面。越来越多的烧焦的树桩和接着出现的熔岩残渣一路引着游人向前。从远处看，圣海伦的山顶凹下了一大片；到了近处，才发现这座活火山还意犹未尽地冒着白烟。

圣海伦火山的两侧各有一个陈列馆，供来自不同方向的游客参观。一旦进了陈列馆，纪录片、系列图片、插图书刊、幻灯片等等，应有尽有地、角度各异地报道圣海伦爆发的前前后后，连纪念品商店也别出心裁地出售圣海伦熔岩、熔岩渣、火山石，更有正时兴的可在电脑上显示图像的圣海伦爆发软盘。

原本对火山一点也不感兴趣的我，在见到圣海伦爆发的情景、结果以后，不知不觉地多少明白了火山爆发的来龙去脉。美国人很擅长以视觉刺激引起人的兴趣，然后不失时机地输给人更多的知识。往圣海伦火山走一遭，我不得不佩服美国人利用现有资源做普及教育的能力。

从圣海伦火山的例子，不难理解为什么年轻的美国后来居上，成为世界头号强国——对于教育，美国人实在是不遗余力。

18 西雅图：风景这边独好

在美国的版图上，西雅图被甩在不起眼的西北角上。唯有亲临那片土地，才会知道那个角落之美绝非一般城市可以匹敌。令人费解的是，它北面的加拿大城市温哥华与它只有两小时车程之隔，在太平洋的同一海岸线上和它遥相对望，地理环境和它相差无几，却不知为什么得到了有关人士更多的重视，被评为世界十大人类最佳居住地之一，西雅图却落得个榜上无名。

不过，这丝毫没有影响西雅图的魅力，它自有出名的方式。以在电脑界业绩闻名的比尔·盖茨把他全球皆知的微软公司设在西雅图的郊区，又花5000万美元在横贯西雅图的华盛顿湖边上建了一幢大概是当今世界上自动化程度最高的别墅。不仅如此，他还在软件"视窗95"（Windows 95）里做了一幅蓝天白云的商标设计，知情人都知道，那就是常常挂在西雅图天幕上的美景。

要问西雅图有什么特别，往往让住在那里的人答不上来——不是西雅图太平常，而是它太不平常：不论外人的视线落在哪里，眼里都是一派以绿色为基调的彩色的美丽。所以西雅图的房地产价格不菲，人们也欣然接受，打趣说那是为美景付出的代价。

值得西雅图引以为豪的，还有在人们日常生活中起着越来越大作用的波音公司。早在1903年美国的莱特兄弟造出世界上第一架飞机的时候，还在耶鲁大学机械系读书的威廉·爱德华·波音就对造飞机发生了浓厚的兴趣，很快就拜师学艺，不久造出了一架水上飞机，继而于1916年7月和一个志同道合的朋友移师西雅图，成立了一家航空公司，并以自己的姓氏波音命名，开始了一个航空王国的事业。大概鲜为人知的是，波音公司的第一任总工程师是毕业于麻省理工学院航空工程系的北京人王助。如今的波音公司，已经稳稳地占据了国际喷气式客机的市场，其生产量达世界总产量的64％，每7秒就有一架波音飞机在世界某个地方升降……

　　西雅图最有名的大学非华盛顿大学莫属，它和加州大学伯克利分校、洛杉矶分校、斯坦福大学等一起，在美国西部筑起一系列知识的堡垒，打破了美国东部早期的文化霸主地位。华盛顿大学的地理系，60年代率先进行了"数量化革命"，一反传统的地理研究方法，给这个古老的学科带去了科学的气息，在地理界很是风光了一回。华盛顿大学本身花草树到处可见，校园里有个很雅致的餐馆，从那里可以看到华盛顿湖和飞跨其两岸的壮观的浮桥，十分赏心悦目。有个教授半开玩笑地说，有了这片风光，工资比别处低一点也值了。

　　西雅图的任何一处离湖边都不远，靠湖的地方绿草成片。人随便往草坪上一坐或是一躺，满满的一湖水就到了眼前，同时又蓝蓝地一直延伸到蓝色的天边，生生地把人和天也拉到了一起，让人在不知不觉中和自然融成一体……不时会有父母带着年幼的儿女到湖边玩耍，在一番准备工作后鼓起一个大大的汽船，穿着各色泳衣的孩子们便欢呼着爬上去，这情景总会让人感动，让人在平静中体会到生活的甜蜜。也难怪，美国人在评美国的最佳居住地时，西雅图无可非议地登上榜首。

　　于是就会觉得，这辈子哪怕不住在西雅图，只要感受过它的恬静、它的活力、它的景色、它的科技，也不枉为人一世。

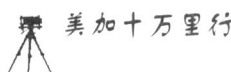

19 露营

露营在我的想象中一直是件很有野趣的事：在野外支起帐篷，烧起柴火，虽然暗中担心野兽袭击，但那种近乎天当被、地当床的豪迈，却是家里舒适的一切不能比拟的。

所以，绕美国兜一圈，40多天在外面，怎么说也要尝尝露营的滋味，何况美国的露营地还多如牛毛。好几个美国朋友听说后，都激动得跟自己要去似的，大谈以前的露营经历不说，还要把帐篷借给我们。最后，一对有全套野外设备的夫妇以其慷慨感动了我们：东西用完没坏就还给他们，用坏就扔掉了事。那套东西除帐篷和各种加固帐篷的用具外，还包括了冰壶、大小碗碟和锅，甚至还有专门装鸡蛋的小塑料盒，总之，我们没想到的东西都有了。

露营的第一站是亚利桑那大峡谷。那一带树木很多，好些地方被很聪明地辟为营地。我们先去认了"铺位"，就赶着去看大峡谷的日落。晚上一路回营

露营

地，发现别人守着营火还点着蜡烛或打着手电，才知道自以为全副武装的我们连最基本的柴和火柴都没有准备！生不了火，露营的兴致就去了一半，顿觉自己像傻子一样，心中那点浪漫丧失殆尽。

卖柴火的地方都关了门，我和先生对望，好不狼狈。我见地上有松籽，想起这东西易燃，随手捡了一小堆。借来火柴，对着炉灶一阵好吹，几次弄出星星之火，却引不来那种令人心花怒放的大火。终于两人都没了情绪，彻底承认失败，打开车灯，沮丧地支起帐篷，咬牙切齿地想，下次一定不犯类似错误。

再次露营是在黄石公园，有了大峡谷的经验，这次我们就老道多了，早早就买好了柴火。黄石公园有好几处很大的营地，管理比大峡谷更规范化，特别提醒游客防火防兽，因为1988年夏季公园里有过一次令它元气大伤的火灾，被烧焦的树仍随处可见；而近年来野兽尤其是熊瞎子袭击人的事也不罕见，以致我们的营地口有一个大大的"谨防灰熊"的牌子，每每走过都让人有点战战兢兢。

扎下营来就四下观察，一面是望不到头的黄石湖，其余三面不是过道便是邻居的"铺位"，这才找回一点安全感。当晚燃起有生以来第一把篝火，噼噼啪啪地煮了一锅面条，在粗木桌凳上稀里呼噜地吃了个痛快，大大咧咧地抹抹嘴，用水把火扑灭，不干不净地钻到帐篷里，在不知名的虫叫声中浪漫地睡去。那一晚……睡了个野趣横生。

第二天跑了一天，晚上如法炮制，只是睡得更早一点。不知过了多久，朦胧中听到了"噼噼啪啪"的声音，睁眼一看，帐篷外红了一片！我猛然想起自己做完面条后没把最后的火星扑灭；那天干燥得很，公园的注意事项里特别提到要用水扑火，否则在那个遍

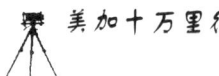

地是树的地方烧起来不得了！我一下子醒透了，耳边的"噼啪"声和帐篷外那片红分明是火，我们引起的火！

"天啊，烧起来啦！"我猛地蹦起来，失声大喊。

"什么！"先生睡眼惺忪。

"我们没有扑火……外面烧起来了！"我几乎要哭出来，好像已经看到第二天报纸的头版标题：两中国游客闯祸：黄石公园再度大火！！！

"嗯！"先生也蹦了起来，惊目圆睁：

"吓死人！是隔壁的人回来而已！"

这时我已冷静下来，一看表才11点，那"噼啪"声是邻居的车轮在小石头上慢慢滚动的声音，那一片红是直射向我们帐篷的车灯！

"感谢上帝！亏得是一场虚惊！"我喘着气说，心还在扑扑乱跳。

这一惊一乍，两人全醒了。翻来覆去地，才觉出地面是斜的，据说是为了排水方便，但睡惯平铺的人免不了有往下滑的幻觉；多辗转两次，就觉出小石子穿过睡袋硌得慌……这一夜，睡了个愁眉苦脸。

第三天上午阳光灿烂，下午天却大变脸，忽一下就又是风又是雨。在车里不太觉得，打开车门，一阵风刮来，才知道那风当真了得。回到营地，就觉景象不对。

"我们的帐篷呢？别是被刮走了！"我的心一沉。

"我把它加固得很牢的呀！"先生说，同时六神无主地四处看，"在那边！我们的帐篷被吹翻了个。瞧，那几个穿制服的人在搬呢，一定是公园的管理人员！"

我们赶过去，那几个人告诉我们，他们看到刚才的一阵大风把帐篷卷得直滚，赶紧去护它，原来他们是昨晚让我们一场虚惊的"邻居"一家。

露营

好在早上我出去前把好几磅重的柴火放进帐篷里，没有那个重量的话，帐篷可能早就吹到湖里去了。当即顶风冒雨重建家园，好好体会了人们为基本生存而奋斗的挣扎感。老天开眼，睡觉时已经风停雨住，不然当晚能不能睡上个安生觉都难说。

半夜，一阵奇怪的响声把我惊醒，靠近帐篷边的脚像是被什么东西蹭来蹭去。

"听！外面有东西！"我大喊，想起熊瞎子会寻食物的味而来，我们在那里做了3天饭，它们不来才怪呢。

"可能是熊！怎么办！"我声音都颤了。

"What？"（什么！）先生这一惊非同小可，竟吓出一句英语。

男的往往比女的要临危不惧一点，先生竖起耳朵听了听，

"瞧你吓的，那是雨声！"

"但刚才有东西碰我脚了！"

"那是风！"

我的妈，真是草木皆兵了。虚惊也是惊，我又睡不着了。雨渐渐大起来，气温急剧下降，帐篷的几个角都有点湿了，我缩成一团，苦不堪言……那一晚，睡了个腰酸背疼。

第四天早上起来没有了表情，好在我们的露营也结束了，也算尝到了其中的酸甜苦辣。本来还打算到总统山继续露营，但几个晚上下来已足够我们欢喜一阵忧一阵，不能再多承受一晚了。

于是，余下的10来天不再提露营。

只是，在露营过后的今天，想起这事来不免又有一点眉飞色舞，想必人都有好了伤疤忘了痛的毛病。现在谁要是说去露营，只怕我会第一个响应。

20 黄石公园：不仅仅是老忠实泉

十几年前念大学时，就读过美国黄石公园间歇喷泉的文章。那时中国还没有大张旗鼓地改革开放，所以做梦都做不到黄石公园；等有机会去时，满脑子想的都是隔一小段时间就喷一次的老忠实泉。到了地方，才知道黄石公园的含义要广得多。

黄石公园建于1872年，横跨怀俄明、爱达荷、蒙大拿3州，主要部分在怀俄明境内，是世界上最早、美国资格最老、面积最大的国家公园，占地约9000平方公里；主要旅游资源是野生动物、峡谷和各种热喷泉。黄石公园的面积之大、内容之多，不是一天就能跑下来看下来的，游客少则住两三天，多则呆上一个星期，才能体验黄石公园的与众不同。黄石公园的最大灾难，是1988年夏天那场殃及36%公园范围的大火，至今大量树木都还是一派被烧焦的景象。

黄石公园除了遍布各地的森林外，主要景点集中在一个"8"字型路径上，上圈约113公里，有黄石大峡谷、温泉、热泥潭等等；下圈约155公里，主要是间歇泉和黄石湖。黄石大峡谷的名气虽远不如老忠实泉和在亚利桑那州的大峡谷，但其很有气势的瀑布及以橙黄为主色调的中国画般的谷壁，毫无疑问地使它进入峡谷佼佼者之列。

世界上地热资源最丰富的地方是新西兰、冰岛和黄石公园，但黄石公园的地热比这两个国家的要多得多。实际上，黄石公园里的间歇泉比世界上其它地方的总和还要多。

老忠实泉在黄石公园里并不是最大或喷发得最有规律的一个，它的名气在于它喷得最勤，平均79分钟一次，每次喷1.5～5分钟，水可冲到30～55米高。其它间歇泉的喷发时间要不就没准，要不就隔上好多个小时、好几天甚至很多年，所以对于性急的游客来说，老忠实泉就来得实在得多，少则45分钟，多则105分钟，怎么也会喷上一次；直让人惊叹：这间歇泉怎么会有如此信用？也该它出名！

看完老忠实泉后，我开始钻牛角尖，想看很久才喷一次、规模又很大的泉。看了半天指南，认准了一个叫"大喷泉"的，它每10～12小时喷一次，一喷就是半小时。我们按地图的线路找了去，见那里稀稀拉拉地有10来个游客；一个小黑板上写着：今天4:30至6:30左右"大喷泉"可能会喷发。一看表才3点，想想大自然的事说不清楚，也许今天人家会提前喷呢？别的间歇泉也要等，干脆等它得了。

于是坐下来摆开架势等。闲着没事，少不了东张张、西望望，视线落在了500米以外的一个隆出地面的烟囱型小土包上。正对着它出神，忽见丝丝水柱喷薄而出，赶紧查导游图，方知它也是个间歇泉，大名"大圆锥"，20分钟到3小时一喷。等它喷完，我对好时

间，看它下一轮是什么时候。20分钟以后，"大圆锥"又忙活了一气；再过20分钟，它又是一阵折腾。我实在觉得这么干等"大喷泉"太无聊，还不如先去照顾一下"大圆锥"的情绪——它在那边喷了个不亦乐乎，旗下却几乎没有观众。于是风驰电掣地开车过去，想着能在它收势以前赶到，不想它"唰"地一下收了功，好不扫兴。

横竖"大喷泉"和"大圆锥"就差那么500米，我们干脆就在"大圆锥"那里等它下一轮，运气好的话20分钟后它又该有动作。我站在马路边——黄石公园的这一大片，全是间歇泉的天下，静止状态的各处热泉一律悠悠地冒烟；毫不夸张地说，每隔几步就有一片烟雾缭绕的地方，远看好似一个无边的野炊区，烟和硫磺味是这一带的基本特征。

我注意到，我的脚边就有一个小洞，每几分钟就喷几下，水喷起顶多几厘米——敢情是个初出茅庐的小泉！在到处是显而易见的间歇泉群里，我怀疑自己是第一个发现它的人，但它毫无自卑情结，那副小打小闹又自得其乐的样子，说不定哪天就会成大气候，不但有名有姓而且气势磅礴呢！

"大圆锥"不负我望，当真在20分钟后又闹腾起来，水柱虽喷得不高，但颇具雄风，让人脑子里出现点"壮志凌云"之类的词句，令人觉得间歇泉跟人也差不到哪里去。

看完"大圆锥"，我们就回到"大喷泉"处一门心思地继续等。眼看就要6:00点了，我开始没了信心：喷不喷不是人能操纵的，没见黑板上只是说它"可能"喷吗？不过，再细细看"大喷泉"，那一大汪说不出深浅的水，已经慢慢溢了出来，倒挺符合说明上形容的喷发前症状。把心一横决定怎么也等下去。正在这时，

"大喷泉"动了一下,恍惚中似有一股水冲了上来。

"喷了!"几个人同时喊。但"大喷泉"又静了下来,游客一时议论纷纷。"大喷泉"就这么来回扑腾了几次;但最后一次已经过了5分钟,一切又回复平静。我正想是不是它今天不喷了,刚才那几下是意思意思,也算是对游客有个交代。忽听"哗"地一声,大片水冲天而起,接下来是"嘭嘭嘭"连珠炮式的爆炸。一时间,分不清眼前的大片白色是水是汽还是云。只见那水那汽一阵比一阵厉害,直看得人心慌,唯恐自己会被热水热汽吞掉没掉。

地底的水往上喷,又哗啦啦地遍地流,"大喷泉"就这么大喷大泄了差不多15分钟,势头才弱了下去,开始喷喷停停。

离开"大喷泉"不久,就经过另一片间歇泉带,见有几处正在喷的泉,随意查了其中一个叫"峭壁"的,据说它不喷则已,一喷就没完。我忽然来了较劲的情绪,想守到它停喷为止,终是因为时间有限胜不过它。

走在间歇泉的集中区,所见的间歇泉之多已不能论单个,而要论群才勉强数得过来,它们有规律的喷发间隔,不由人不感叹世界的奇妙、神秘。

在黄石公园里穿行,随时可能碰到动物,最常见的要数一种无尾鹿,还有鱼、野牛、黑熊、各种鸟类……加上间歇泉、大峡谷等,使人真正感到自己置身在一个自然博物馆,自由自在地去探索、去大惊小怪、去流连忘返、去成为自然的一分子……

21 闻名遐迩总统山

南达科他州拉什摩尔山的4个总统头像，把美国人的理想落实到了花岗岩上，是美国最具意义的纪念碑之一，恐怕世界上没有哪一个带政治色彩的旅游点吸引的游客会比它多。

总统山的问世把不知名的小城拉皮德城升级为著名旅游城，它离拉什摩尔山只有40公里，到那里的外地人十有八九是去看总统头像的。我们到拉皮德时已是晚上7点。为了第二天好找地方，先生向酒店的值班人员问路；回来就催我赶紧吃饭，原来总统山每晚9点都举行点灯仪式。既然大老远去，又只呆一个晚上，当然得去看看。

拉什摩尔山在黑山国家森林区内，它坚实的花岗岩是雕刻的上好材料。开车走得差不多时，我们认定从公路上就能看到的黑乎乎的一片就是拉什摩尔山。那居高临下和磅礴的气势，只能属于总统山。拉什摩尔山的停车场也与众不同，不仅免费而且有管理人员指挥。换了别的旅游点，光是停车费就得出去一小笔。

总统山的接待处不停地放着头像建造过程的录像，从构思到花岗岩的爆破，到各头像的尺寸……为了最大限度地利用光线，头像被刻在了山的东南面，雕塑家格曾·博格勒姆把4个人物定为华盛顿、杰弗逊、林肯和罗斯福，是因为他们已成为美国立国、统一、发展和变革的象征；他坚持雕像要以大、宏伟为原则，以衬托这些领导者的伟大。

从1927年开始，格曾·博格勒姆率领工匠们断断续续工作了14年，才完成了这项巨大的工程。事实上，真正用于雕刻的时间只有6年半，大部分时间格曾·博格勒姆都在为筹备经费而不遗余力地跟总统、议员、州政府官员们打交道。

头像雕刻的第一步是爆破,直到炸出蛋状的形态来才开始做细致的雕工。工程的最大一次改动是杰弗逊的头像从华盛顿的右边移到了左边——因为原定位置可利用的花岗岩太少,精益求精的格曾·博格勒姆决定把初具规模的杰弗逊头像炸掉。

4个头像分别在1930年、1936年、1937年和1939年完成。由于种种原因,杰弗逊的头像不如其它3个清晰,被不少人误以为是华盛顿夫人。四雕像高高耸立在拉什摩尔山上,概括着美国历史、美国文化的精华,显示着这个民族的伟大和坚不可摧。以华盛顿的头像为例,鼻子长达6米多,嘴长5.5米,两眼间的距离是3.4米,额头到下巴足有18米多。可以想见形象之宏伟、工程之巨大。

总统山晚上的点灯仪式有一个随当前政治而定的演讲,我们去的8月份正好是美国总统竞选的宣传期,话题自然离不开民主;接下来是一段建设中的总统山纪录片;最后众人齐唱美国国歌,此时总统山周围的灯从暗到明地显现出伟人的头像。前后一个小时里,来自全美国和世界各地的人们形成一个临时整体,沉浸在对自由、民主、平等、幸福的追求和憧憬中;那渐渐被照亮的花岗岩总统雕像,把一种尊严、坚强和自豪感注入人的全身。那一刻,人们不必用语言交流,不必用眼睛对视,就知道彼此对这世界有着同样的期盼。

那特殊的一晚,使我对总统山产生了说不出的眷念,明明已经看过所有的景点,临走前却非要去看看它的白天,唯恐在黑暗中漏了点什么。

只想告慰格曾·博格勒姆,他的作品影响的不仅仅是美国人的子孙。

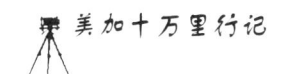

22 芝加哥印象

说起举世闻名的城市，芝加哥一定不会被人忽略。这个美国第三大城市，是美国中西部的经济、文化重地。其市中心林立的高楼在美国、加拿大交界的密执安湖畔的壮观程度，大概只有香港维多利亚港沿岸的高楼森林才能比得过；在风平湖静的夜晚，那一片高楼系列往湖面投上同一片黑色中放着异彩的倒影，给不了解这个城市的人带去几分神秘、几分慕想……

自然，每幢高楼里都有着各种各样的活动，但在市中心办公的并不都是有名的公司。像早已走向世界的麦当劳的总部，就设在芝加哥远郊。这幢几十层的楼房，统率着遍布许多国家的大大小小的麦当劳，让人油然而生出一种不可思议的感觉。

芝加哥城的建筑无疑是举世瞩目的。19世纪末、20世纪初的美国建筑大师丹尼尔·伯恩翰在芝加哥大展鸿图，一气呵成地推出一系列摩天大厦，宣告了以宽敞的大道和顶天立地的建筑为标志的城市美化运动在美国的开始。伯恩翰还担任了1893年在芝加哥举行的影响深远的国际博览会的建筑总监，更给这个城市的建筑锦上添花，使它成为美国少有的以建筑著称的城市。随着现代建筑的兴起，一度是世界最高的西尔斯大厦和玉米棒状的姐妹停车楼等别具一格的建筑纷纷落户芝加哥，令它的城市景观继续在美国独领风骚。

像美国很多大城市一样，芝加哥的人种各色各样，其中爱尔兰人口是全美之最。到了爱尔兰民族节日圣巴特里克节那天，芝加哥人干脆就把市内的主要河道染成象征爱尔兰的绿色，各种酒吧也以绿色为装饰色调。爱尔兰人好酒，那一天更是豪饮至深夜。政府不好扫市民的兴，唯有派出大批警察守候在各酒吧附近，随时准备防止恶性事件的发生。

各民族的人必然带来多样化的菜式。在我搬到芝加哥之初，就有朋友多方叮嘱，一定要去品尝各种风味，没有打算在芝加哥常住的我当然就抓紧时间严格贯彻执行。从有名的法国、意大利、印度餐吃起，直吃到墨西哥、朝鲜、德国、希腊、泰国、越南等各种特色菜；同时密切注意新的信息，某一天电视上介绍一家生意兴隆的波兰餐馆，我便在第一时间纠集朋友去尝新。一顿结结实实的自助餐下来，其中一个的意外发现是，波兰人也像中国人一样吃红烧猪肘子。

最有意思的餐馆，大概要算市中心一家名为 Ed Debevics 的餐馆了。整个餐馆的墙上都挂满了美国五六十年代的装饰物，服务员的衣服上也都丁零当郎地带着一串串那个时期的各种徽章。他们彼此以及他们和顾客之间的对话往往都夸张、幽默；顾客点完食物后，他们会唱歌般大声向厨房报告。更有甚者，每过15~30分钟，餐馆会放出节奏感很强的音乐，全部服务员都就近跳上窗台，和着音乐各显其能地边唱边跳，把个餐馆弄得如同戏院一般。有准备的顾客喜笑颜开，没准备的顾客惊讶之余大开眼界、大开心怀。

跟芝加哥紧紧连在一起的，是尽人皆知的公牛队。乔丹、皮蓬、罗德曼等篮球明星在芝加哥几乎无人不知晓。市内有一家公牛队运动服的专卖店，天天展示球队的雄风，23号、33号、91号已经成为乔丹、皮蓬和罗德曼的代名词。更有甚者，即便是在其它商店出售的服装，只要是背后有个23号，就得多卖几美元——乔丹在主力队员里可谓一枝独秀，这使爱出风头的罗德曼很不是滋味，常常变着法吸引人们的注意，倒也真的奏效。他的招数之一是不断变换头发的颜色，弄得好奇的球迷们对他下一次的发色多有猜测。有个广告商灵机一动,把罗德曼拉去做广告,不辞劳苦地天天给他画上不同颜色的头发。其中一块广告牌就打在一个繁忙的高速公路口,惹得路过的人们个个探头看罗德曼每天的新形象,交通因此而缓慢不堪……

芝加哥最特殊的地方大概要数芝加哥大学一带了。这个成功地做出世界上第一个核反应堆的大学,有着一个充满欧洲韵味的校园,庄重、古雅的建筑把这个著名学府的气氛衬托得淋漓尽致。芝加哥大学的东部紧挨着密执安湖,那里倚湖而建、俯瞰水景的公寓楼,是芝加哥最昂贵的所在之一。芝加哥大学的南边却是另一派景象——那是远近闻名的破落黑人区,其贫困程度令人无法想象,更让人无法相信它是在富足的美国境内:满地垃圾、房屋破旧,商店外墙的广告摇摇欲掉;无所事事的年轻人三五成群地坐在街头,不时进入眼帘的是不能再住人的要散架的楼房,那里便是强奸、贩毒的场所……本地人谁也不愿走近那里,就连警察也只是在不得已的情况下才去执行任务。不夸张地说,芝加哥人大多有点谈黑人区色变。听说我们开车横穿了那个地方,几个朋友脸上都露出"你们想找死吗"样的表情。

美国有部电影叫《罪恶的芝加哥》,对芝加哥的黑暗面不无艺术夸张,使许多对这个城市别无所知的人对它充满了恐惧感,开口都问:"芝加哥很可怕吧?"令我很为它抱不平——它不过是美国社会的一个典型的缩影,既有极富吸引力的一面,也有充满灰暗的一面,仅此而已。

23 西进纪念碑

讲究个性的美国，连小城市也要强调自己的特点。相对于其它城市来说，伊利诺斯州的中等城市圣路易斯就很有本钱了：它拥有的杰弗逊纪念碑是美国政府为纪念西部开发所建，同时也是美国最高的纪念碑，它高192米，是自由女神的两倍；不同于一般的是，它的外观是一个罕见的拱形。

22

从地理位置上说，圣路易斯往西就属美国西部，这使它成为无可非议的纪念碑所在地。西进纪念碑依着密西西比河畔而建，是圣路易斯的最高建筑。不论从哪个方向进城，人们都会被那道腾空而起的弧形吸引住；那拔地而起又落回地面的飞虹，象征着美国人从东向西进发的豪情和壮志。

纪念碑的设计者是13岁时从芬兰移民到美国的伊尔罗·萨里南，他似乎天生就要在建筑史上留名——父亲是颇有名气的建筑师，母亲是雕塑家、摄影师兼建筑模型师。伊尔罗·萨里南从小耳闻目睹先辈的作

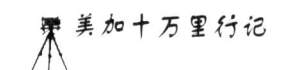

品，长大自然就入了同一行，与父亲共事数载。不过，他没有被父辈的影子遮住，相反，他一出道就以无拘无束的想象力而闻名。

1947年，伊尔罗·萨里南以令人耳目一新的拱形设计在杰弗逊纪念碑的征稿竞赛中脱颖而出，成为这个国家级纪念碑的设计师。正如他自己所说，他的纪念碑不仅仅是纪念美国的一段历史，而且要纪念我们这个时代；要完成这个使命，不是常见的方尖形和长方形的纪念碑所能做到的。

伊尔罗·萨里南的纪念碑远不是死板的实心体，它落地的两端分别是西部开发纪念馆、电影院、礼品店等，参观者可以在图文并茂的纪念馆里了解西部开发的历史，在电影院里看到拱形纪念碑的建造过程。人们还可以从纪念碑的任意一端乘坐世上为数不多的倾斜电梯，上到拱形最高处，俯瞰圣路易斯的全城，远眺美国东西两部。

也许圣路易斯今天的地位全仗它的地理位置，但地利从来是一个地方出名的因素，别的城市不服气也不行。

24 水·大瀑布

记得中学读地理时,就知道地球上近3/4的面积被水覆盖,于是无限向往美国、加拿大交界处的五大淡水湖,很难想像那水的世界是怎样的铺天盖地。

也曾读过一些赞美水的文章,水除了给人以生机以外,还具有最柔顺、坚强的性质——说它如何温顺地让各种容器去造就它的形状,又说它如何坚韧,硬是能把石头滴穿。在美国的两年多时间使我充分领略了水:天上下来的雨和雪,地上结的冰,小溪里、河里、湖里乃至海里流淌的水,各种瀑布飞泻的水……

黄石公园里有个黄石大峡谷,切割它的黄石河忽上忽下地穿行于蜿蜒的峡谷,在某一处形成一个壮观的瀑布,那瀑布跟世上有名的瀑布相比不算什么,但黄石河在那里有一个较大的下坡,随后急转弯又马上碰到一个很大的落差,于是原先缓缓而行的水在那里忽然变得疯狂了,在飞快地下完坡以后以脱缰野马的架势,不知所措地被后面涌来的同伴狠狠地向前推,又被那个急转弯猛地一扭,就一头扎进落差的深处……那一刻,我真正意识到了水的强大:自然界的物质,没有什么能同时比水的存在形式更多样、更伏贴、更具摧毁力、更具创造力……没有水人类不可能生存,但水也可以毁灭人类;水可以美丽动人,也可以令人生畏,真可谓"千古功过谁能曾与评说"!

那以后我就对水着了迷,尤其是对它最柔顺的形式——风平浪静时的湖水,和它最强有力的形式——飞泻而下的瀑布最感兴趣。在芝加哥时,我曾经守在密执安湖边,看着一片湖水起起伏伏,听着湖水拍打到岸边的重重而又轻快的声响,内心是一派欢畅的舒坦,想象着如果自己能仰躺在湖面上任水承托,那一

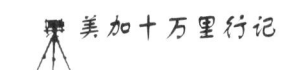

定是世上最轻松、最自在的事。我也曾几次面对尼亚加拉大瀑布,长久地看着瀑布主体和它外围那些欢蹦乱跳的水花,想象着那大片水帘的威力和那些水花短暂又美丽的生命的乐趣,徒劳地想知道那些水分子们是怎么来的,是否到过天上、曾否结成过冰、到过多少国家……只恨自己没本事跟着它们去远行、去经历生命的转换。

不曾想过自己会有幸几次游尼亚加拉瀑布。这个世界上最大的瀑布由3个瀑布组成,横跨美国、加拿大两国。最大的一个马蹄形瀑布在加拿大境内,摆开一帘U形的水幕,源源不断的水由伊利湖和安大略湖提供,经过一小段平稳的旅行后滚向瀑布,跌落进瀑布底的河里,又开始新的征程。

我好奇地往瀑布的源头走,只见水从四面八方而来,哪里找得到源头?更令人惊讶的是,一只只海鸥忙碌地飞着,不时落在水面上,竟不会被不断而来的小浪花打倒。一批批的水就那么流着、淌着,不慌不忙地流淌到瀑布顶,不知怎地就进入一种饱满的战备状态,不等人缓过神来就投身到瀑布里了,葬身进巨大的水帘、水柱里,落下后又汇成洪流随波而去。

更惊心动魄的是,专门的游船满载着游客在瀑布带下来的水里逆流而上,在越来越大的浪和越来越急的水中向瀑布底部驶去,直到快要被瀑布打着才返航。这样的游船一艘接着一艘,每个船长似乎都在暗地里较劲,看谁能尽可能靠近瀑布。船上的乘客都穿着上船前领的雨衣,但瀑布越近,就越有人把雨衣脱下,任凭那无法抵挡的水珠劈头劈脑而来,痛痛快快地感受瀑布……

更有甚者,在我某次去尼亚加拉瀑布的前3天,有个人史无前例地要飞越瀑布,在被吸引来的不少游客眼前向瀑布发起挑战，不幸失事身亡，人们对此有理解的有不理解的，却都无法不对那个勇敢的人表示某种程度的敬佩！

实际上，瀑布的水花在二三十米以外也能把人浇湿，不少人都买了雨衣在路上走。尼亚加拉瀑布的水汽，高高地升上天空，在方圆10英里以外就能看见。

马蹄形瀑布在加拿大这边可以一览无遗，而从美国纽约州的布法罗只能看到规模和气势都要逊色的两帘瀑布，有些游客因为没有加拿大的签证只有徒劳地在美国引颈眺望。美国政府为了给游客解馋而建了一道长长的引桥，据称游客要交钱才能走到桥的尽头，但这也只能看到马蹄形瀑布的一个小角和更多的水汽。

传统上，尼亚加拉瀑布是蜜月和情人的去处。我对此说早有所闻，但一直没搞清楚为什么。现在想来，也许是因为瀑布及和水有关的一切吧。水可以来回转换存在的形式，可以上天下地，无所谓消亡，爱侣们大概是看中它的永恒吧！

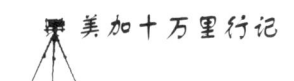

25 温哥华：过日子的好地方

气候宜人的温哥华在大部分国土都处高纬度的加拿大无疑是一块居住的宝地，拿到世界上去比也毫不逊色，多次被评为全球最适宜人类居住的城市之一。

倚太平洋而建的温哥华冬天没有同等纬度城市的冰天雪地，几年里也难得雪花飘落一回，夏天凉风习习；秋天里到处是黄黄红红的枫叶；春天的花一开就不可收拾，一直到冬天才罢休……一年四季，温哥华的天空几乎总是那么干干净净，蓝天白云每天变换出各种超出人的想象力的组合，给发生在温哥华的一切挂出绝好的天幕背景。

温哥华政府没有辜负这一天赐好地，首先把令他们受益无穷的太平洋侍奉得好好的——近水的地方尽量少建房子；房子密集的地方政府出高价从私人手里买来，拆掉房子还给市民一个海景。著名的大不列颠哥伦比亚大学里的每一条主干道，都正对一个雪景——温哥华四面被山围住，各处的山峰长年积雪，给四季长青的温哥华平添了几分遥远的冬趣。

哥伦比亚大学的一侧有个极好的沙滩，海水起起伏伏地荡漾着，诱得人直想投入其中，但海水的温度很低，哪怕是盛夏，也没有几个敢下水的。这个海滩的特别，在于它是西方少有的离城市很近的裸体浴场。到了夏天的周末假日，那里便到处是享受日光浴的人，以东方人嫉妒的方式充分领略着大自然的恩赐。

哥伦比亚大学的另一侧也别有洞天。那里是一片富人区，每一栋房子都不下几百万美元，建筑上各有千秋不说，各家的院子更是树有型、花有款，配上清清爽爽又近乎一尘不染的环境，每一户人家都够得上一份建筑精品。纵是豪宅大户也没有了铜臭气，留给人的是一种美感，一种对美好生活的向往。

随便在温哥华兜兜风，第一印象是那些随时随地冒出来的花，好像这个城市本身就是个大花园或是个爱美的小姑娘，置身其中会使人体内冲出一股新鲜的活力，会使人不可救药地热爱生活。

留心一下温哥华的街名、路名，发现要在那里迷路几乎是不可能的事。因为它东西走向的街从1被编到80多街，南北走向的路则各有其名，所以很容易就能找到两点相交的一处。到了的具体街道则是每个街区为100号，这样，找个门牌就是轻而易举的事了。

政府既有这么强的规划意识，市民的素质也就非同一般。温哥华有一座狮门桥，已经不适合现代交通的需要，政府一直想扩建。但市民们坚决反对，因为狮门桥的一段通过斯坦尼公园，这个坐落在市中心的森林公园是纽约的中央公园和旧金山的金门公园以外的世界上少有的大型城市公园之一，要扩桥必然要砍不少树，市民认为这是破坏环境的做法。政府也就不

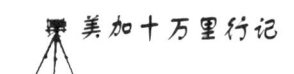

敢违背民意，狮门桥的扩建方案已经讨论了十几年，到现在还是民意占上风。

如此美丽文明的城市，也难怪近年来吸引了那么多的炎黄子孙尤其是香港人。中国人轻易不愿背井离乡，实在要走，当然要找个好去处。

温哥华如此，它的邻居也学去了不少东西。与温哥华一个渡口之隔的小城市维多利亚也是一个花堆起来的地方。它以恬静的生活环境吸引了很多退休人士到那里定居。它更有一个远近闻名的唯花独尊的布察特公园。然而，温哥华和维多利亚之间只有一个渡口连接，有人曾建议在温哥华和维多利亚之间建一座桥，维多利亚的居民坚决不同意，因为交通的方便必然导致人口的增加、房地产的升值，最终破坏城市的安宁。

1990年，大温哥华地区的政府董事会为其发展指定了战略目标："大温哥华有能力成为这么一个大都市：人类的所有追求都能在这里得到实现；人类的活动将改善自然环境；人类的建筑物将成为和谐自然的一部分；多民族的文化和多元化的宗教是人民团结的力量。每个居民的衣、食、住、行和安全等基本需求都会得到充分的保证。"

如此说来，温哥华大概要算天堂以外的最好去处了。不过，这个城市给人们提供的就业机会很有限，这不能不使温哥华的美丽光环黯然失色。所以，同是那个吸引人的温哥华，很快又使很多香港人失望。

温哥华的最适合人类居住的称号，无疑是当之无愧的。遗憾的是，对于世界上绝大多数人来说，它仅仅是个令人向往的概念。

26 大都市多伦多

在美国最先听说加拿大的多伦多，是在规划课上，教授多次说，它是一个规划得很好的城市。后来又听一个旅美多年的华侨评论说，在北美吃过很多中国餐馆，只有多伦多的最地道。以后几次到多伦多，都不是天黑就是没有时间，所以总觉没有看到多伦多的真面目。

终于在1997年8月有机会在多伦多停留几天，住在多伦多大学旗下的维多利亚大学。假期里，美加很多大学的学生宿舍都腾空，出租给校际交流的来访人员乃至游客，价钱比校外的酒店要便宜。

市中心离维多利亚大学不远，走上20分钟就能到。实际上，西方很多大城市的市中心的区域范围都不大，对步行的游客很方便。多伦多最引人注目的建筑非CN塔莫属。CN塔高555.33米，为全市最高的建筑物，是俯瞰全城的最佳去处。它与其它城市同类建筑的不同之处，是它最高处

的地板上有一块特制的透明玻璃，人不但可以透过它看到地面小玩具般的人和车，而且可以踏踏实实地站上去，以街上渺小的一切作背景照个相，留下一个高大的形象。

CN塔为加拿大两个铁路公司之一的"加拿大国民铁路"（Canadian National Railway）所建，取其两个首写字母命名，作为该公司的无线电台。CN塔现在已不像从前那么重要，所以这两年已经在市场上出售；条件是新公司可以给CN塔更名，但不能用新公司的名字。凭CN塔的名字和地位，要找个新主人不会是件难事。果然，不久一家叫特里泽·哈恩的公司就买下了它，很快便在塔底加建了商店、餐馆等设施。也许是因为CN塔作为多伦多的象征已经名声在外，所以这家公司很明智地没有给它易名。

多伦多的市政府大楼很特别，由两栋面对面的弧形高楼组成，彼此有地下通道连接，像两个括号，又像是一双保护市民的坚实臂膀。到市政府游览的人比到那里办事的人还多，游客对这种建筑上的标新立异很欣赏，当地人却觉得小有不便：两栋楼虽近但毕竟还是有距离，有时办事要到分设在两栋楼里的不同部门，就不免要多跑路了。

3年里我在多伦多短暂停留过四五次，发现街上的少数民族面孔越来越多，尤其是亚洲面孔，唐人街也发展到了4个，这多半是加拿大政府移民政策的结果。一个加拿大朋友打趣说，这几年找亚洲女朋友都成了挺时髦的事。维多利亚大学里亚洲人更多，看样子他们都是利用暑假到学校里学英语的。学校餐厅里常见的是白人以外的各色人种，很难让人感到这是白人占多数的多伦多。

偶然认识了一个多伦多女孩，她是金斯顿市皇后大学的学生，暑假里回家在一个证券公司当临时工。这个大学三年级学生口齿伶俐，显得非常成熟，原来她是皇后大学董事会的成员之一，参与学校各种重大决定的会议及投票。我知道，学校董事会的成员一般不是给学校捐了款就是在某方面颇有建树或是有一定社会地位的人，不明白为什么区区本科生也进了董事会。女孩很自豪地笑了，说她也给学校捐款了，捐款数目达到200加元的学生就有资格参加董事会的竞选——董事会里专门有个名额是给学生的。我问她董事会的工作是不是很花时间，她说要花不少，因为她代表学生的利益，所以必须有选择地跟不同的人接触，了解他们对某一件事的立场；但她说这份工作使她大大受益，不仅锻炼了社会活动能力，更从有丰富人生经验的董事会长辈们那里学会了分析问题、处理矛盾的方法。这份工作没有报酬，但她从中学到的东西比任何一门课程所给她的还要多。

和女孩的谈话使我对加拿大的政治感起兴趣来，第二天就去参观在多伦多的安大略省议会大厦——那天正好是省议会夏天休会后重新开会的第一天。朋友告诉我，不论市民还是游客，都可以参观、旁听大厦里的任何活动和会议。

省议会大厦是一幢欧洲风格的建筑，庄严而典雅；进门就有咨询处，告诉你怎么到各个部门。我说我想去旁听议案讨论会，便被指到一楼的一个拐角处。只见那里已有一条不短的队伍，原来它既是来客登记处又是讨论会的发号处，同时还是物品存放处。巧得很，我是最后一个领号人，后面的人只有等到旁听席有人出来才能领到新号。

不远处有电梯直上会议厅。会议厅门口又有一条队伍，这回是要通过X光的检查。我边排队边看刚拿到的旁听注意事项：旁听者不得发言、不得起哄、不得无故站立、不得带照相机进场……我猛然想起小挎包里有照相机，但当时已快轮到我，我实在不想再跑到楼下存相机，就硬着头皮排下去，同时好奇地想那X光机是不是真那么灵。挎包被检查时我几乎屏住了呼吸——万幸的是检察员什么也没说。我像漏网的贼一样赶紧开溜，刚走了两步，却听后面有人在叫："小姐，请等等。"

我知道大事不好，连忙故作茫然地停下。

"小姐，你的包里是不是有照相机？"

"是的。"

"对不起，你得到楼下把它寄存起来。"检察员并没责怪我什么。

"对不起，我这就去。"我羞愧难当，只恨自己刚才的偷懒。

等我再回到会议厅门口时已经出了一身汗。我把外衣拿在手上过检查处。

"对不起，你的衣服不能带进去。"检察员又发话了。

"这衣服一会儿我可能要穿的。"

"那你现在就穿上，这是我们的规定。"

这规定实在不好理解，我只好把衣服穿上了。

讨论会已进行了好一阵。保安人员把我引到一个座位上，居高临下地从阶梯座位俯看下面的圆形会议厅，厅的中间是被很宽的过道分开的好几排桌椅，两边分别坐着执政党和反对派人士。每人跟前都有一个麦克风。过道里摆着两张大办公桌，几个记录员、办事员正在那里忙得不亦乐乎。会议厅的四周是供旁听者坐的梯级座位。那一天，旁听处座无虚席。

会议的程序是由执政党逐条介绍提案，反对党则一一提出质疑，双方充分交换意见后或通过或否决提案。我进去时正好在谈工会的权力问题，反对派正大肆驳斥执政党提出的某一条款。我正好面对反对党而坐，只觉西方人开会气氛很活跃也很随意，可谓人人畅所欲言，幽默的话往往是尖刻的批评，惹得旁听席上笑声阵阵。主要发言人一般站着说话，离得较远的旁听席有电视屏幕播放发言实况；其他只插一两句话的人则坐着讲。同时说话的人太多时，站在一侧的议会议长便要维持秩序，决定谁先发言。执政党总是坐在议长的右边，据说在没有暖气的时代，那是靠近壁炉的一边，这对寒冷时间较长的加拿大是很重要的，烤火在议会会议厅里也就成了执政党的特权。

没多久，话题转入工人的罢工权利，执政党的提案意在限制工会的这个权利，还没等反对派提出异议，对面旁听席上就有人大叫，"你们休想得逞！"一时所有的眼睛都投向那边：这是违反旁听规定的。马上有保安人员过去请他离场，那一位也很合作地起身离去。

这时执政党那边又有人站起来，重申提案的要点，刚说了几句，对面的旁听席上忽地站起一个人，愤怒地说工会绝不允许这样的事情发生……附近的保安人员马上过去请他离开，他边往外走边高声抗议，对面旁听席的人开始以掌声附和他，随后一个个地站起来，边鼓掌边喊叫。很快地，旁听席的四处都有人站了起来，坐在我周围的人也都鼓噪不已。唯有我和坐在我左边的一个人没动。

"对不起，你知道这是怎么回事吗？"我禁不住问他。

"这些人都是工会的，他们对提案很反感，是专门进来抗议的。"

会议的秩序完全乱了，执政党、反对派及议长都

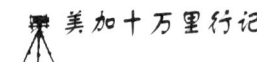

束手无策，保安人员也不知赶谁出去才是，倒是那些站起来的人很自觉地往外走。我事不关己地坐着，等着事态好转。不料，保安人员过来请我们也出去。

"我们没闹呀!"我们几个外国人不满了。

"对不起，议长要求我们清场，会议无法进行下去了。"

我们很不情愿地往外走，却见有一排座位上还稳坐着好几个人。

"他们为什么可以不走?"我问保安人员。

"他们是游客。"

"我也是游客呀!"

"你跟团了吗?"

"没有。"

"那就只有出去了。我们只能让团队游客留下。"

我随着人流往外走。在电梯里，一个同样遭遇的游客说，"瞧，这就是民主的结果。"互不相识的人们交换着眼色，脸上是各种意味的笑。

第二天的报纸登出了议会会议厅旁听席的抗议照片，并披露那两个领头叫骂的是工会领导人。

第二天我就回国了，以后又发生了什么也就无从知晓。从此，多伦多给我的印象里就多了一份悬念。

27 千岛的故事

以前隐约听说过圣劳伦斯河,却不知它在哪里、为什么有名,直到1995年在一个偶然的机会认识了好客的唐,才慢慢认识了它、认识了其中千岛地区数以千计的岛屿。

唐说他在千岛地区有个岛,不久就请我去岛上玩。当唐和他的儿子把我接到圣劳伦斯河边时已是晚上11点,只见月光下波光闪闪,一座座小岛黑黑地散落在水里,夜幕好像故意在掩藏一个美丽的秘密。

第二天早上起来,我第一时间往窗外看,发现的是一片无与伦比的湖光岛色:蓝色的湖水被远近大大小小的、绿树萦萦的岛屿点缀着,背景是蓝得透彻的天和白得清澈的云。初升的太阳温和地照着这一处人间天堂,让人生出一种安逸的满足感来。

我走出房子,见唐已经美美地在坐在游廊边上晒太阳。他建议我先游游泳,说他在岛上的每一天都是从游泳开始的。于是我走到30米开外的唐的私人码头,顺着扶梯往水里走,沁人心脾的是8月河水的凉意。唐说,如果一个猛子扎下去,水就显得暖了。

我咬咬牙扑进水里,没游几下就大惊失色地叫了起来。唐在岸边慌了,急问怎么回事,我说有东西咬。他松了口气说,那是水草,不碍事,20多年来他的岛上从未出过人被咬的事。我被这一虚惊破坏了情绪,赶紧回到岸边。脚一着地就感到一阵疼痛,原来岸边的石头上长满了尖利的贻贝,不知情的人踩上去没有不流血的。

唐后悔自己没有及时把水里的情况交代清楚,忙着给我找止血贴。一阵忙乱过后,我们在游廊坐下。微风吹来,带来一阵微寒,阳光又暖暖地把寒意盖

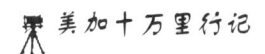

住，让人感到分外舒适。我第一次注意到唐实际上有2个岛，它们之间由一条约10来米的桥连接起来，桥的一侧画着3面旗，左边是加拿大国旗，右边是美国国旗，中间是匈牙利国旗——原来，唐的两个岛正好处于美、加在圣劳伦斯河的分界线上，所以那条桥也就成了世上最短的跨国桥梁，中间那面旗则代表唐妻子的祖籍国家匈牙利。

正说着话，不远处驶过一艘游船，随风而来的导游词用的竟是广州话！紧接着是一阵对着这边的此起彼伏的闪光灯……唐微笑地向船的方向挥手，"这是千岛的游船，这个岛是它们的一个景点。"

唐的岛确实漂亮，它有个很土著的名字叫扎维科恩，在印第安一个部落的语言中是"幸福之居所"的意思。岛上的3层楼房始建于1899年，有22个房间，还有一个地窖，码头处还有一个停船房，其楼上也有4个房间。整栋楼被一个木质的供观湖赏日月的游廊环绕。从湖上看去，白墙深灰顶的房子在几棵大树点缀着的绿草斜坡的最高处挺立着，配上散开在岛上四处的各色鲜花和桥上那3面以红、白、蓝为主色调的小旗,也难怪所有游客都忍不住对着它拍个不停。

以后的一年多时间里,唐几次请我到岛上玩,慢慢地我就觉得对千岛和圣劳伦斯河很熟悉了。唐有1艘游艇、1艘玻璃钢艇和3艘随岛买来的红木船。红木船很值钱,现在那3艘船的价值加起来已经相当于20多年前唐连岛带船的总和。驾红木船的人在湖上相遇时,也会会心地相互招手示意。

趁四下里没别的船,从没开过任何车、船的我试着驾船,河水很平静,让人觉得开船需要的仅仅是把方向盘的耐心。后来多跑了几趟,才知道湖里也有暗礁、水下峡谷,所以要看水上交通图,方向盘要随着水流、浪头方向的不一样变化,而不时看到的漂在水上的插着一面小旗的小船,则是在警告过往船只不要靠得太近,因为水下有人在潜游……

乘船走开去,圣劳伦斯河展示了它更多的美丽。河里的岛屿相互的间隔从几十米到一两百米不等,有比扎维科恩小一点的,有比它大很多的。离扎维科恩不远处是以生产系列口香糖著称的里格利家族曾拥有的一个小岛。再远一点有个很大的岛,听说是纽约州立大学一家分校的教授度假基地(圣劳伦斯河在美国那部分最先流入纽约州)。还有一个岛则大到能建高尔夫球场,使这项花费本来就大而又具有贵族特色的运动变得更加高雅。更有意思的,是其中一个叫艾恩赛德的岛不知怎的被蓝苍鹭看中,大肆地在那里筑巢,过起日子来,引来不少搞研究的生物学家……

除了扎维科恩外,远近闻名的还有美国境内的两个岛,一个叫心岛,虽说英语的原名并不是这个意思,但因为整个岛的形状像个心,更因为岛上的楼房演绎着一个爱的故事,所以人们把它叫做心岛。原来,纽

约市的一个连锁酒店主买下心岛，并专门为太太建楼房。这栋石头建筑坚实宏伟，配套的船房至少能停十几艘船。就在大功告成之际，那个幸福的太太却忽然得病去世，她伤心的丈夫从此没再登岛，最终把岛卖给别人。

心岛还跟千岛色拉料有关。据说有一天心岛的主人设宴招待很多客人，一时用完了所有的色拉料。厨师急中生智，很快地把西红柿、蛋黄酱等拌在一起送到餐桌上，客人们尝了齐声称赞，都问它的名字，厨师顺口说是"千岛色拉料"，没想到这种临时凑合的调味品竟从此流行起来。

心岛几经易手，现在为千岛管理区所有，成为一个博物馆，同时也起着海关的作用：如果坐游船的乘客想上去看看，就得持有美国的有效签证，否则只能在船上望岛兴叹。

千岛的另一名叫佐斯德的岛为一个美国医生拥有，岛上是一幢庞大的石头建筑，其深红色屋顶非常引人注目，里面也非同一般，一条暗道可以直通各个房间。绕岛怒放的是几排精心栽培的鲜花。如此规模的一切,维持起来非同小可,近几年主人把它作为教堂用,教徒和有兴趣的人士在周末都可以自由参加。同时,佐斯德的出售广告也打出快两年了,几乎所有人都对它感兴趣,却没有一个抵挡得了它的售价。那医生也不松口,于是佐斯德岛也就成为众人关注的热点。

千岛的美绝不是几个岛所能代表的,驾船漫游在圣劳伦斯河上,迎面而来的大岛、小岛及岛上的建筑各有千秋,争奇斗异,使人不得不佩服大自然的鬼斧神工和人类的巧夺天工。想必17世纪初、中期法国的探险者们发现这片神奇的岛屿时一定也大大地感叹过。据说他们一遍又一遍地数着岛的数目,却怎么也数不过来,最后只好按估计起了千岛这个名字。根据后来的统计数字,圣劳伦斯河上有1800多个岛。这些岛屿陆续都卖了出去,买主大多是加拿大多伦多周围和美国纽约州的居民,他们都能在2～5小时内开车到达自己的岛。由于气候的关系,千岛有近半年时间是冬天,所以能在岛上住的时间顶多只有半年,而绝大多数人平时都要上班,只有周末才能驱车到岛上轻松轻松。

岛上的生活并不总是那么舒适、浪漫。首先所有的食物都要从陆地的商店买来,然后一点点搬到岛上。岛上不通自来水,用的是未经消毒的圣劳伦斯河水,所以要喝水就得现烧,不像一般西方家庭那样拧开水龙头就可以放心地喝。另外还得学会节约用水,并不是水源不足,而是岛上没有排污设备,污水只能往自备的一个大容器里走,满了以后得用至少两个壮劳动力把容器推到船上,再运到指定的地方排掉。垃圾也是如此,一切都要装进大袋子里运到陆地的垃圾池，而且还要按垃圾袋的数量缴纳费用……

然而，当你坐在游廊享受着习习清风，看着丽日蓝天下远处的群岛、近处的船只时，当你在湖水的拍打声中睡去又醒来时，当你想游泳就能往水里跳时，当你透过清澈见鱼的湖水里看着鱼咬钩、不慌不忙地起钩时，岛上生活的种种不便就都化为乌有了。连唐家第一次到岛上玩的狗也觉出水里的鱼很特别，它站在码头边向水里探着头，脚不由自主地往前挪，一个不留神就栽到了湖里……

承蒙唐的多次热情相邀，千岛的一切于我已不再陌生，只是每去一次，都无法不对它的美发出感叹。有一次，在我再次赞美千岛时，唐说，一个第一次到扎维科恩做客的朋友很羡慕地对他说，今生能拥有一个岛实在是很令人满足的事，我打趣道，"我有个经常邀我到岛上玩的朋友就足够了。"唐听了哈哈大笑……

唐告诉我，他是扎维科恩的第五个主人，前不久，第四个主人给他去电话，希望能租用扎维科恩一周，结果一家大小在岛上重温旧梦，乐也融融。

谁不愿再领略一下那世间少有的美景呢？上帝造物时一定是大大地偏心了。

28 春来了

　　北方的冬天来得早、去得晚，直到4月份，春天的影子才忽隐忽现，光秃的枝头生出的点点嫩绿和几株早开的花朵总能让人兴奋半天。然而，冬天依依不舍，春天客客气气，你冷一两天，我暖两三天，和睦地进行着自然的交接。最后，冬天惭愧了，连个招呼也不打，就在某一个夜晚随暮色退去，春天这才抖擞精神粉墨登场，在拂晓过后扑面而至。

　　一时间，一切都亮了起来。各家花园里不久前栽下的名目繁多的小植物，在春风中欢快得意地摇头晃脑；就这么摇着、晃着，几天之内像变戏法似的，甩出七彩斑斓的花朵来。除了赤、橙、黄、绿、蓝、青、紫外，各种边缘色竞相吸引着人的视线。满面春风的人们在惊喜中搜肠刮肚地找着颜色的形容词，却总也词不达意。枝头嫩绿的新叶憋足了劲，胀胀地、鼓鼓地，把不可阻挡的生命力迸散到空气中。

　　奥尔巴尼的春天很短，州立大学的学生们正面临紧张的期末复习、考试，却没忘记在匆匆忙忙中换上短裙、短裤，和春天打个朝气蓬勃的照面。校方也不愿忽略日渐浓厚的春意，把每年4月26日定为喷泉日，在那天的中午时分举行隆重的仪式，重新开放停歇了一个冬天的喷泉。这一天学校的教学正常运转，学生却往往像过公众假日一样，大部分时间都在喷泉附近嬉戏，直到傍晚。任课的教授也很宽容，并不期待有多少学生去上课，反而会问上课的学生为什么不去看喷泉。在紧张的学习中，在年轻人春心荡漾的季节里，喷泉日成了神话般的日子。

　　我决定不错过这一天。早上一进校园，就能感到空气中流动着的激情。刚走上独特的连接全校教学楼的长廊，一只巨大的红尾隼不知从何而降，大张的双翅有一米多长；它在跑道似的长廊上滑翔了一段，从容地停在了最尽头的小树丛旁，塑像般站着，任由春风掀动羽毛。我心里暗说这隼形象不俗，驻足定睛看它。忽听耳边"卡嗒"一声，转身看去，见一个教授正按下相机快门。见我看他，就说，"这鸟就住在对面那棵大树上，常在这石阶上停留。今天喷泉日，我专门带了相机，没想到还有这个收获。"

"这个季节观鸟最好不过了，"另一个声音说。我回头，见是站在不远处的一个女孩在说话，"树叶还没完全长出来，鸟在树上的一举一动都能看得清清楚楚。"她很满足地说。

"此话不假，"再转身，见是一个教授模样的人，"这一带最大的红尾隼要数这一只了。"就这样，4个素不相识的师生，在这迎春的一天里自然地聊了起来。

临近中午，我来到喷泉边。这是一个露天地下喷泉，被20多间地下教室团团围在中间。喷泉边已挤满了人，能俯视喷泉的地面也是密密麻麻的几圈人。在奥尔巴尼8个月了，第一次看到这么多学生聚在一起。在美国读书各人选各人的课，匆匆而来，又急急而去，一个班上的同学几乎毫无说话的机会，也就没有了认同感。喷泉日人山人海，驱散了陌生感，因为这是春天的节日，是所有学生都可以摆脱功课的压力、无所顾忌地展示生命力的日子。

喷泉上空飘动着的无数彩色气球、一条条学生组织的标语，以及开足了音量的录音机放出的音乐，都充分地表现着学生们的躁动。几个性急的学生早已跳进了喷泉的水池里。平时校园少见的狗，这一天数量大增。我的右边就躺了一条全身棕色的长毛、大耳朵拉的狗，开始它还懒洋洋地趴着，但很快就被学生们的情绪感染了，几次站起来想干点什么，都被主人拉了回来。

正午到了。校长通过麦克风大声问："大家准备好没有？"回答他的是各种音调的"准备好了！"接着学生们从10开始倒数，随着"1"字话音的落下，校长开启了喷泉的开关。刹那间，几十条水柱簇拥着中间一道粗壮的水柱冲天而起；在同一瞬间，无数的飞碟从各个方向飞往喷泉。喷泉边的学生像失去控制般飞跌进水池里，迎接着空中的水和飞碟；校园上空响彻着"啊、噢"的欢叫，一切都在飞腾、沸腾。

相熟的人把不想下水的朋友抛进水里，落水者在全身湿透后一下子没了顾虑，在水中飞扑一阵又去拉新的同伴；水池里相识和不相识的人，各种肤色的男生、女生，全无隔阂地拥抱着、欢呼着。喷泉边的几条狗按捺不住了，飞蹿到水中，操着天生的狗扒式在水里上扑下跳，追逐着飞碟、追逐着彼此。我身边的长毛狗忍无可忍，忽地挣脱了主人的控制，狼狈地、然而又是飞快地向喷泉奔去。它的主人拔腿全速追去，却哪里跑得过狗？到喷泉边没掌握好速度，一头撞进水里……

若在以前，我会远远地站着，对这有点失控的混乱大摇其头，但这一天我却更多地看到了春天里人与自然的和谐的生命力。这一天，我第一次体会到美国大学生彼此的认同感，就像一个今年要毕业的朋友所说，"这是我大学生活最好的一部分。I love it（我喜欢这一切）！"

这种感觉，大概只有春天才有。

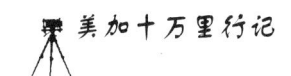

29 永远的秋天

这是我在美国北方的第一个秋天。

听说我是中国广州来的,没见过雪,当地人都夸张地说,这里有半年是冬天,成天对着雪并不是好滋味;又异口同声地要我好好享受秋天,因为秋天一来,冬天随时会到。

秋风凉凉的,秋日却是暖暖的。秋风不厌其烦地拂去我的愁容,秋日不知不觉地融化我的孤寂。在我努力适应异国环境的头两个月里,秋天成了我的好朋友。

一天一天地,秋风变戏法似的把一树一树的叶子吹得黄黄红红,绿叶一下子有了许许多多不同色彩的同伴,慢慢地变成了叶子中的少数民族。秋日,在天边时隐时现,时而照出一片蓝得清澈的天空,时而映出一片片白云蓝天的奇妙搭配。有时,它会被恶作剧的乌云遮住,却在乌云之后放出倔强的光,把乌云的边缘照得出奇的亮,乌云被晃得皱着眉头,像一个满头银发的老人。

秋天是成熟的季节,大自然竞相向人们展示自己的成熟。每天出门,扑面而来的是各种树叶的色彩,深红、淡紫、橙金、暗赭、杏黄、浅绿,还有各种各样的过渡色。多彩的世界,好像能让人听见喜庆的声音。秋风吹过,叶子飘飘扬扬地落下,把更多的色彩洒向人间。地上的落叶也不甘寂寞,随风游走,或是自由自在地戏耍,或是扑到人的身上,给人带来大自然的问候。

我惊异于自然的魅力:所有的花草树木商量好似的,在同一时间里展现着生命的美丽。记得有个朋友对我说,他以前一直不信教;有一天,他偶然有时间

永远的秋天

去欣赏周围的景色，猛然被大自然的秩序和美丽震慑住。从那一刻起，他相信了上帝的存在——他确信只有无所不能的上帝才能安排出这一切。

北方的秋天是自然向人类大献殷勤的时候。田野里挂着金红色的南瓜，果园里缀满苹果，有嫩青色的、有亮红色的，还有桃子般薄薄脆脆的粉红，一切都透着圆润丰盈，让人心里充充实实的。不结果的树，也以热烈的色彩招呼着行人过客。

被秋天感动，在一个有风的下午，我来到公园，坐在一棵大树下。落叶软软地铺在身下，透出新鲜的潮湿。一阵凉风吹过，地上的叶子呼地起来，跟正在飘落的叶子一起，痛痛快快地淋了我一身。稍远一点的一排大树，枝叶一律顺风倒伏，彼此亲热地拍打着，好像家庭大聚会——自然，被秋风赋予了温情。

天空很宁静。一抹白云不经意地挂在天幕，云脚飘逸地卷曲着。一团浓重的白云，背后似乎有什么东西在使劲，表面的云撑不住了，只好向四下扩展，把更多的白色摊在蓝天上。天边，一堆淡淡的乌云，不怀好意地向晴朗的天空逼去……太阳宽宏大量地照着，笑眯眯地俯视人间。

秋天并不总是令人心醉的。忽然有那么两天，气温骤降，寒风似剑，冷雨如冰，冻得穿秋装的人直哆嗦。落叶重重地跌到地上，很快被浸泡得没了生气。然而没几天，太阳又带着歉意探出头来，树叶又重新打起精神。秋天，就在这美好和凄凉中，一天天走向冬季。

自古以来，人们多以感伤的情怀描述秋天。好像秋天一过，一切就完结了。然而，那个秋日的下午让我乐观起来：秋去冬来，不过是自然现象。自然虽不完美，但她的一切都来得自自然然。这个秋天过去了，还会有下一个、再下一个金色的秋天。

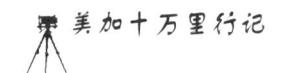

30 冬天的感觉

冬天终于来了。

从小在南方长大的我，终于在真正的北方过第一个冬天。然而，今年的冬天来得慢条斯理，冷得很有分寸，弄得严阵以待的我大为失望。

直到感恩节前一天，雪才飘然而至。数不清的大小不一的白点在空中任性地游荡、相撞，很不情愿地慢慢落到地面上。风渐渐大了起来，呼呼地把刚才还纷纷扬扬的雪花吹得乱了阵脚，身不由己地随风而去。我忍不住了，穿着衬衣就冲进雪里，仰着头、张开双臂最大限度地迎捧着天上的来客。被风吹裹得不知所措的雪翻滚着向我扑来。很快，我的身上就变得斑斑驳驳，脸上、手上先是接二连三微温的撞击，然后是微凉的潮润。风像找到攻击对象似地戏谑着单薄的我，从领口鱼贯而入又从袖口呼然而出，等我冲回屋子时已是通体遍凉了。

冬天的感觉

我站在窗前不错眼珠地盯着漫天的飞雪，一时间很难相信它们是无生命的，徒劳地在想它们是怎样在天上解体成那么小的个体，然后争相落向人间的。在我发呆之时，那一粒粒细小的雪花已不可思议地给目力所及的范围铺上一层灰蒙；再后来，大地上的一切都势不可挡地被染白了。虽然以前常听积少成多这个词，但我仍被那些曾经那么无助、那么弱小的雪花在一小时内创造的奇迹震慑住。我又忍不住要走进雪地中。

推开门，迎面扑来一阵雪后的清爽，地面是一层厚厚的、细细的、莹莹的、纯纯的白毯，那清纯洁白的质地让人不忍心去践踏。狠狠心迈出一步，脚下传来一阵松软的声音；俯下身去，雪面上是一片不可分割的整体，绝难想象它是由一颗颗雪花凑成的。捧起一把雪，手上是一阵蓬松的冰凉，心里是一种奇异的感觉，只想去贴近那一片无与伦比的白，只觉那一片圣洁曾经属于自己；面对那被触碰之下的脆弱，心里是一阵阵的怜爱，既想去碰它又怕伤害它。

然而脆弱的雪硬是征服了世界。一切景物无一例外地披上银装：叶子落尽的树枝扛起一树银白，房屋、车子顶起一房一车的洁白；夜幕的降临把雪衬托得更白，雪又把夜空映得发亮。站在车少人稀的雪地里，心一下子被无边无际的纯白占据，尘世带来的污浊被冲刷得一干二净，充溢心头的是难以形容的畅快和轻松。

从此到春天以前，北方的日子里平添了无处不在的雪。太阳仍是暖暖的，却也没有三下五除二的融雪本领。马路上的雪很快被推雪机粗鲁地推到路旁，人行道上的雪也渐渐被踏得没了痕迹。久而久之，路旁的雪变硬了，有的露出一颗颗晶体，有的像一块块透明的石头。雪不再一碰即破，而是冷冷地靠在一边，在太阳的照射下无可奈何地化做雪水，流到人行道上，又在晚上的低温之下结成冰。匆忙的行人一不小心踩上去，十有八九会在反应过来以前摔倒在地上，幸运的只是磕碰出一块青紫，倒霉的则会伤筋动骨。于是人们开始诅咒冰，全然忘记这害人的冰曾是他们欢呼过的第一场雪。

滑雪场却是另一番景象。人是极聪明的，不论是哪个民族，只要是有雪的地方，人们都学会了利用雪，也学会了在雪上娱乐。在平地上滑雪还不过瘾，硬是花十几分钟的时间顶风冒冷坐缆车到山顶，再从高高的、长长的山坡风驰电掣飞将下来，瞬间又回到原地。那种超人的速度，那飞的兴奋，那失控和自控之间的和谐，那冒险的刺激，在俯冲而下的两三分钟里淋漓尽致地渗透人的全身，让人在事后回想起来仍激动不已，忍不住要说一句："It was great fun(棒极了)！"

气温渐渐回升，雪在悄悄地融化，只见地面的积雪范围在变小。忽然有一天，雪一下子踪影全无，只有好奇者仍在苦恼地琢磨：这么多的雪，怎么会消失了呢？科学的解释是有的，但看着大雪从天外飘来，又在人的眼皮底下变魔术般地不复存在，实在让人难以理智地接受科学的说法。

年复一年地，自然重复着它的季节，把一个个多彩的画面送到人间，带给人不同的惊喜、不同的感叹、不同的疑问、不同的遗憾……成熟起来的人慢慢学会了欣赏自然，不再期待它的完美。冬日的第一场大雪送来的圣洁和美丽虽然短暂，但足以让人有一个对完美的永久的期盼。世界不完美，但自然以自身的例子告诉人们，这世界有着值得人为之奋斗的美丽。

31 美国的大学

美国的大学多种多样，只要想念书，几乎什么人都可以上大学。我的一个教授不无讽刺地说："在美国，会嚼口香糖的都能上大学。"当然，并不是什么人都会上大学，更不是想上哪儿就上哪儿。大多数人都愿意在本州上学，因为公立学校往往会对本州的学生予以优惠，外州学生就免不了要多交学费，而外国学生就更得大解其囊了。

私立学校则没有这么一说，学费均一视同仁地昂贵，所以进私立学校就成为经济地位的象征。美国闻名世界的大学和前10名长青藤学校大多是私立学校。当然，要进那种学校除了家中银两充足以外，还必须成绩优秀，成绩特别突出而家境不佳的人也不必气馁，因为他们往往可以得到助学金。

公立学校和私立学校的明显区别是：公立学校与周围环境没有具体的分界线，私立学校则或多或少有点围栏；公立学校由政府拨给经费，私立学校靠捐

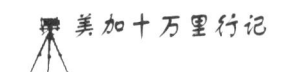

款；私立学校的教授工资比公立学校的要高。

最近分别到一间私立和公立学校做讲座，也就有机会参观、了解这两所学校。

坐落在纽约州普金西市的瓦沙学院是一所长青藤级别的私立大学，于1865年由一个叫瓦沙的人投资建成。它最初是女子学校，但渐渐地教授们发现女孩子们到了周末出勤率就很低，原来她们都忙于为去一个小时以外的纽约市幽会做准备。为了解决学生的恋爱问题，学校决定引进男生，从此，男生就堂儿皇之地进瓦沙了。然而，现在美国人提起瓦沙学院，总会不由自主地加上一句："它原来是女子学校。"一个年近50的朋友现在提起瓦沙还不无遗憾地说："我做姑娘时的最大愿望就是进瓦沙，可到现在我还没到过那儿。"

瓦沙学院的学费目前是每年20000美元，虽说价钱不俗，但学生的待遇也不错，每9个学生就有1个教授，这是公立学校远远做不到的；学校的主楼古色古香，里面的摆设很像豪华又有家庭气氛的酒店，学生可以在

那里轻轻松松地聊天，舒舒服服地看书；学校还有一个在不断扩展中的画廊，藏有校友捐赠的各种流派的艺术作品，其意图是让学艺术的学生有临摹的榜样，同时向其他学生提供增加艺术修养的场所。

瓦沙的校园很像中国的大学，许多教授都住在校内，由于房子是学校的，房租就比市场价便宜得多，教师的待遇也比一般的公立学校要好，比如在瓦沙工作相当一段时间的教授，子女若能上瓦沙就只交一半学费，即使是到别的学校，瓦沙也会补贴可观的一笔。

相比之下，麻省州立大学5个分校之一的安荷斯特分校就有点先天不足了：附近的历史名城波士顿赫赫有名的哈佛大学和麻省理工学院的光芒长久地吸引着公众的注意力，加上安荷斯特市里本身也有名校安荷斯特学院和史密斯学院，又是著名女诗人艾米莉·迪更生的故乡；不难想象，人们所能给予安荷斯特分校的关注就很有限了。

但这所学校很快就办出自己的特色来。校方与市府达成协议，全市的公共汽车都由学校的学生来开，这不但使经济困难的学生有挣钱的机会，也使全校乃至全市人乘车得以免费。再者多年前该校就与市内4所私立大学不断交涉，其结果是各校的学生可以到任何其它学校听课及使用教学辅助设备。这样，5个学校的学生选课范围就广了很多，私立学校的学生也可以充分利用州立大学丰富的藏书。如此来来往往，各得其所，学校变得好不热闹，学生个个好不欢喜。

安荷斯特分校校园最引人注目的要算高达26层的图书馆了。几乎可以肯定地说，那是全美甚至全世界的大学图书馆之最，但它却没能让师生们自豪起来，原因是它被设计得又窄又高，图书上架后竟使整幢楼发生倾斜，不时会有砖块砸下来。直到现在，图书馆的一侧仍被铁丝网拦住,以防砖块落下伤人。

校园中心的小湖在春天里鲜花盛开,鸳鸯成群,许多学生横七竖八地躺在草地上,边晒太阳边看书。湖边生活着一只白色的大天鹅,每天自我感觉良好地出现在湖边,很有优越感地接受全校师生的宠爱。见到天鹅,我少见多怪地过去与它合影,走近前去坐下一点点地往它身边挪。很是见过一点世面的大天鹅根本没把我当一回事,只是自顾自地大肆修理羽毛,直至我和它快要贴在一起仍是那副怡然自得的样子。我惊讶于它的不怕人,陪我逛校园的学生说:"照道理你应该怕它,它是全校的宠儿,不高兴起来对你扑腾儿卜叫是够你受的。"

那个学生是个将要拿中文硕士文凭的美国人,在那里被认为是云南专家,前后7次到云南,不但说得一口流利的国语,熟读了部分云南的地方志,而且还懂一点云南的土话。他对那里的风土人情及经济前景十分着迷,目前正在研究昆明机场已经开设的国际线路,并做出预测:昆明将取代香港、广州国际机场的霸主地位,成为亚洲国家与中国的重要枢纽。这个娶了日本妻子的美国人说,据目前的研究,云南是日本人祖先的故乡,这使他对云南的兴趣又深了一层。他打算两年后毕业时到云南找工作,同时在业余时间继续他对那里的研究,他对水土保持尤感兴趣,"我认为,水是一切的根本,"他说。

于是这个学生在我的记忆中成为了安荷斯特分校的一个特点。

走到美国的任何一个学校,不论是公立还是私立的,都会听说一些有趣难忘的事,瓦沙学院和麻省大学安荷斯特分校仅仅是沧海一粟。

32 美国的买卖

在美国,学生是当然的穷人。穷则思变,于是就去买便宜东西。最便宜的东西要数家庭旧货摊的日用品了。每到周末,总有一些人家或是清扫房子,或是因为搬家,清理出一些自己不再需要但别人可能用得着的东西。在当地报纸或住处附近的电灯柱上登出一则小广告,就在自家院子里摆起卖阵。卖方不以挣钱为目的,买方则为省钱而去。供需相适,皆大欢喜。

30

刚到美国不久就去了一趟家庭旧货摊。开始由于面子的关系很有些畏畏缩缩,更不好意思在已经很便宜的价钱上再讨价还价,总觉有赚别人便宜之嫌。可四处一看,光顾者无不认真地还价,摆卖者往往并不在意,多数欣然同意。于是勇气大增,最后搬回家一台很好的电视和几张状况良好的椅子。后来到商店一看,才知道那天狠狠地省了一笔。

以后的一年里,走在路上不时会看到电灯柱上贴着的家庭旧货摊广告。虽然不曾再去,但总也挡不住

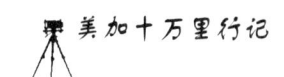

地感到一点兴趣。

最近认识了一个颇为富有的人，发现他竟有去家庭旧货摊的嗜好，其瘾头之大是每周必去。逢周末买一份当地报纸，和另一同样爱好的朋友共同设计最佳路线，然后驱车逐家访购。多年来他们总结了两条去家庭旧货摊的经验。第一是车子停下来后不要熄火，暗示卖主他们只是路过停下随便看看，以期卖主为争取他们解囊而开出低价；第二是不要开名车去，他们中一个有辆奔驰，去旧货摊时绝不用它，以免卖主见了开高价。

长期以来该富人逢周末必练此功。听起来容易让人以为他是贪便宜的小器之人。其实这实在只是他的业余爱好，他把从家庭旧货摊买来的东西统统放到一间大房子里，告知所有的朋友，若要买什么先跟他说一声，若他有的话一定免费相赠。他还是个养蜂迷，养的蜂不计其数，采得的蜂蜜从不卖，而是几十磅几十磅地送给朋友，乃至他不认识的朋友的朋友。他菜园里的瓜菜也是对外开放，认识他的人需要什么尽管去采。知道这些就不会对他去旧货摊的行为反感，就会觉得他是个爱玩的大男孩。

偶然又发现我那个当律师的房东太太原来也是个旧货摊迷，虽说不至于每周必去，但如果有时间的话她总是挡不住诱惑，专买古色古香的东西。她说旧货摊的东西有时并不比古董店的差，却不知便宜多少倍。每次买到好东西，她总是在第一时间向我展示一番，好不满足。

一个朋友曾经感叹说，家庭旧货摊说明美国人是很糟糕的消费者，不少家庭随便收拾一下，都能找出一堆用不着的东西，实在是可惜。好在旧货摊多少减低了这种浪费，也让那些囊中羞涩的人少花钱多办

美国的买卖

事。

前两天附近一个村子的人家联合举办两天旧货摊，我和两个朋友兴致勃勃地去看热闹。那是一个傍湖而建的村子，并不在主要公路上，可以想见那里平时的宁静。但那一天却是人来人往，多数人家都摆出了摊子，很有一点全村皆商的架势。我们挨家挨户地走着看，只见买东西的人往往乘兴而来，满意而归。

忽然一个朋友站着不动了，"呀，他们怎么有这个？"

我顺着他的视线望去，见两个已经发黄的小盒子里分别装着两种颜色各异的锡箔彩球，只是不懂朋友为什么会对它们如此痴迷。

"这两盒彩球怎么卖？"朋友恍若梦中，略带紧张地问。

"小的1元25分，大的2元50分。"卖主见怪不怪地说。

"我买下了，两个都要。"朋友像抢购。

交了钱，他如获至宝地捧起两个小纸盒。"我们找个地方坐坐怎样？"他哀求似地说。

我们在湖边的长椅坐下。买彩球的朋友长嘘一口气，"这实在是个意外。这是30年前我刚记事时父亲给我买的装饰圣诞树的彩球。后来的彩球慢慢变得高级了，我父亲也去世好几年了，过去的一切好像已经离我很远了，我也慢慢习惯了生活的变化。今天猛然看到这些球，就像买回过去的一部分。等回去，我要把它们好好洗一下，今年圣诞就能派上用场了。"

朋友一番话，让我又发现了家庭旧货摊的又一功用，不由觉得它是美国社会的一个大好现象。

两天前一个要搬到南部去的朋友说，她把家收拾得差不多了，准备第二天摆个家庭旧货摊，把带不走的东西卖了。第二天她来电话说，东西卖得差不多了，剩下的她可以一次性送给救世军（慈善机构）。"有个人只花了原价的1/4买去了我的扫雪机。冬天要来了，这玩艺有用着呢！"

另一种性质大致相同的拍卖也很有意思。卖主先出个价，有兴趣的人分别出自己愿付的钱，东西最后归出价最高者。有天路过一个拍卖点，忍不住停下来观看。只见人群中间有个人嘴里念念有词，唱歌般不停地报着价。同伴告诉我，"这种人是受过专门训练的，别看他半闭着眼，谁出个高点的价他马上就会注意到。"

"可我没听到谁出价呀？"我不解地问。

"是他出第一个价，谁愿出这个价就点头，要有愿出更高的就把价写在纸上举起来让他看，他看到后把价报出来，鼓励其他人出更高的价，直到成交为止。"同伴解释说。

"哦，是这样。"我边听边点头。

"糟了，你刚才点头他以为你愿出他刚才报的价！"同伴发现不对劲了。

"什么？就是说我肯花2500元买下对面那个温室？"我的心一下子凉了。

我正不知怎么办，有人举起一张纸条，以2750元压住我的价。我感激不尽地看着他，却再也不敢乱点头了，只是很谨慎地向他微笑。

温室卖出后，继续推出的是一大捆电线，报价5元。足有一分钟没人做出反应，稍后有人开玩笑似地出1.5元，卖主苦笑一下同意了。

离开拍卖处，只觉得美国人实际得可爱。将来离开美国，没准我会洋为中用，也来一次家庭旧货摊。

33 美国的连锁服务

美国的物质丰富，竞争也激烈，做生意的就要绞尽脑汁降低成本吸引顾客，于是连锁业应运而生。到如今，全美各地区出现的连锁服务已不计其数。一般性的连锁都遍及周围的几个州，如美国东北部的人，无人不知连锁银行——钥匙银行和连锁百货店CVS。第一次离开东北部到西部的旧金山市时，我想当然地以为那里也有CVS，连说几遍CVS，朋友听了都说没有这么个商店。

后来有机会自己开着车绕美国走了一圈，才发现很多连锁服务都是地区性的，过了那几个州就没有了那个名称。像西部到处可见的电器公司好小子在中部、南部和东部绝无痕迹；在中西部很成功的超级市场和百货公司的综合企业珠儿—奥斯扣在别处却没有任何烙印。美国的市场，就被这些各自为政的连锁服务和各有特色的小型公司、企业、商店瓜分、把持得井井有条。

但冲破州际甚至国际界限的连锁服务也不是绝无仅有。快餐店麦当劳，百货店沃尔玛，中低档鞋店经济鞋店等的连锁网点在美国无所不在。其中最醒目的恐怕要算麦当劳了。这家连锁店继在美国及其邻居加拿大一统天下以后，又顺利地拿下同是吃西餐的欧洲市场。这还不算，近年来在潜力很大的亚洲市场也捷报频传，它在中国的成功则大概是投资者也始料不及的，其儿童套餐像吸引美国小朋友那样紧紧抓住了中国的下一代。在美国大大小小的"正宗"麦当劳变着法儿苦心经营之时，中国麦当劳的消费者却热情正高，到了周末麦当劳更是人满为患。据说，广州市的一家麦当劳有800个座位，令其在世界各地的连锁店相

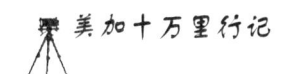

形见绌。

麦当劳在海外的生意令人称羡，在本国的日子却不那么好过。美国既然是个竞争社会，自然就没有麦当劳一枝独秀的道理；加上美国是个多民族国家，也就会有各种民族风味的快餐出笼，更有以炸鸡为招牌的肯德基炸鸡和以意大利馅饼为特色的必胜客的强有力威胁。只是近年来美国人的健康意识有所增强，相当一部分人对容易致胖的炸鸡和富含奶酪的馅饼避之唯恐不及，才使这两个竞争对手受到挫折。不过，谁也不会放弃努力，像炸鸡的经营者花了两三年时间，把在美国、加拿大各地的肯德基炸鸡这个全称简缩为KFC，表面上是按英语的习惯取了3个词的首写字母，实际上是为了避免人们看到"炸"这个给人坏联想的词。

最让麦当劳头疼的竞争者要算食物内容相近的汉堡王了。麦当劳一惯以迎合儿童的口味为主要特色，创办初始就推出儿童套餐并送与玩具；还让咧着嘴笑的麦当劳叔叔坐镇门前，任由小朋友们攀爬；再配上几种形式的儿童游乐项目，惹得不知是计的天真儿童们一见麦当劳那个大大的、富有诱惑力的M字就欢呼雀跃，一吃方休。

汉堡王见了这等形势，也不跟麦当劳争，只是把自己的汉堡包做得大大的，远比麦当劳的实惠，志在吸引那些讲求实际的成年人。如此相安无事了一阵，双方又都不满现状地大搞促销，几乎每星期都有一样主食大酬宾，价格之便宜连再穷的人也吃得起，美国人讲究吃东西时喝饮料，饮料是不降价的，这样就保证了赢利。再说，麦当劳和汉堡王这样的连锁店的优势，在于它们的一切原料都是大批量的，成本之低绝非一般小店所能匹敌；所以，哪怕它们大酬宾也还有点赚头。

后来，这两家店彼此也不那么客气了：汉堡王开设了儿童套餐，发开了儿童玩具，建起了儿童游乐场地，而麦当劳也当仁不让地打出新的口号："麦当劳和你一起成长"，意在拉回一部分成年顾客。如此竞争，把个快餐市场弄得热热闹闹。

最令麦当劳恼火又无从发泄的是，每当它花上一笔经费做好可行性研究、开出一家新分店不久，汉堡王就会不声不响地在附近也开上一家分店。原来，汉堡王自知实力不如麦当劳，更清楚麦当劳每开一间新店都请人做市场调查、保证有客源才开张的，所以就厚起脸皮紧随其后，反正美国没有法律对它有这方面的约束。汉堡王这一招虽讨人嫌但很聪明，令美国大学里的规划教授们在讲课时有了一个生动的例子。

美国的连锁服务蓬蓬勃勃，不但赚了钱也出了名。同时，在很大程度上也给消费者提供了一种熟悉的服务，如世界上任何一个麦当劳的服务员都穿同样的衣服，卖的食物也都一样；美国、加拿大的任何一个沃尔玛的平面设计全都如出一辙，熟悉它的顾客不论进了哪一家都能准确地找到各种商品所在的位置……

相当一部分美国人并不喜欢麦当劳，但要是出了国，它就显得有吸引力了，因为异国的东西未必合口味，在麦当劳至少能吃到自己熟悉的东西，找到一种离家很近的感觉。当然，有人也会因为连锁服务的一致性而抱怨它的单调，不如独家的小店有个性和特色……

对连锁服务的现象众说纷纭，褒贬不一，但是，夸也好，骂也好，人总有贪便宜的心理，连锁服务至少有价廉的好处——它一点也不必为没有顾客担忧。

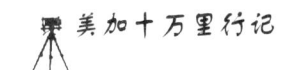

34 做旅游学问的人

旅游作为一门学科的时间不长，毕竟它是物质文明到了相当程度才产生的人类活动，而且跟吃喝玩乐联系在一起，很难让高等院校的学者们把它放在与数学、物理等学科平起平坐的位置。

但西方的学者们终于还是注意到了旅游活动的科学性，他们的研究比中国学者开始得要早。美国的南卡罗来纳大学地理系教授莱尔·米切尔堪称旅游学科的开拓者之一。

1996年4月我们在北卡罗来纳州的城市夏洛特参加美国地理学家年会时见到了米切尔教授，这位颇负盛名的专家有一种非常平易近人的慈祥，和我们一见如故。他没想到我们在中国就对他的研究很熟悉，自豪的同时对我们有了一份感激。

后来我们要环游美国，其中要经过米切尔教授所在的哥伦比亚。行前给他发了电子邮件，希望他能给我们找个便宜的住处，以免人生地不熟的不便。这个和我们只交谈过半个小时的教授热情洋溢地回邮说，他能找到的最便宜的住处是他的家。随后送来3次邮件，详细说明到他家的线路，他说这是因为学地理的人总是迷路的缘故。

我们到米切尔教授家时已是晚上7点，他们刚从外面吃饭回来，知道我们还饿着肚子，二话不说就带我们往餐馆走，陪着我们吃不说，还要替我们付钱，这对于朋友之间也常常是各付其款的美国人来说实在是客气有余。

米切尔教授要我们叫他莱尔，他的夫人巴巴拉很随和，一下子打消了我们的拘束和顾虑。当晚几个人聊到半夜，谈旅游研究、谈美国、谈中国、拉家常……

临睡前，莱尔宣布，他负责第二天的早餐，然后他们全家带我们游玩。

第二天，莱尔起了个大早，在厨房里铺开的阵势比中国人有过之而无不及，嘴里还念念有词，连煎咸肉都有不少理论。他把做薄煎饼的专用平底锅搬到餐桌上，现场制作，扬言这是他的独家经营，非大节、假日或好友来访不推出。我们一尝，薄煎饼果然不同凡响。美国人早餐是很随便的，莱尔如此盛情接待，直让我们受宠若惊。

莱尔对哥伦比亚了如指掌，开着车在大大小小的路上穿行。这个城市并不是旅游地，在那里停留的游客主要都是去两三个小时以外的查尔斯顿海滩。但冬天较暖、地面平坦的哥伦比亚很适合高尔夫运动，小小城市竟有11个高尔夫球场。

中午，莱尔一家请我们吃南方特色的烧烤，那前所未有的巨大的饮料杯、大块的烤排骨和酸酸的配料直让人吃出一种豪爽来。晚上，两家人一起做了一顿中西合璧的晚饭，我们的烧茄子令他们赞不绝口，巴巴拉一字一句地写下了烹调步骤，要在女儿生日时如法炮制。

临别，我们在他们家门前打了个U转弯——这是莱尔开车最喜欢做的动作。莱尔和巴巴拉笑得哈哈的，说来日要到中国看我们。

北美的另外3个旅游大家都在加拿大。其中2个在滑铁卢大学的地理系和闲暇系。地理系的杰弗里·沃尔以研究旅游的影响著称。他对第三世界很感兴趣，在印度尼西亚做了很多影响深远的研究，最近又走向了中国，和南京大学合作研究海南的旅游。

杰弗里的教学很别具一格。学期的第一天，他就

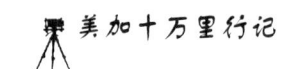

给研究生列出一系列旅游题目,让他们写下自己感兴趣的题目,学生关注的题目他就多讲,而且尽量让学生先讲自己的体会。所以,上过杰弗里的课的人,都说在他的课上最自由,学到的东西最多、得到的锻炼最大。

杰弗里喜欢喝啤酒,时常会约学生去酒吧,有时还请学生到家里聚会,重点就是喝酒,如此一来二去,师生关系十分融洽。

杰弗里应邀来过中山大学讲学。我们带着他走了广州不少地方,他最喜欢的是白天鹅宾馆,在"故乡水"一景不断拍照。我们请他到家里吃了一顿饭,尽管广东菜很好吃,但他最喜欢的还是珠江啤酒。

和杰弗里在同一所大学的史蒂文·史密斯教授所做的旅游对国民经济的贡献的研究举世瞩目。他的《旅游分析》一书,极其详细地介绍了各种研究旅游的方法。这本书虽然有点乏味却非常实用,几乎成为旅游研究者的圣经。

西方的学者和中国学者共同的一点,是崇尚纯学术而看不起实际工作,史密斯教授跳出这种传统,为政府做了不少工作。作为加拿大旅游委员会研究组的主席,他敦促政府投了一大笔经费,就旅游对加拿大的经济影响进行研究。经过近10年的努力,史密斯教授和他的同行们找到了一套科学地评价旅游对国民经济的贡献的方法——在此之前,学术界一直没有找到说服力很强的办法。事实上,西方不少国家的学者们都在做这方面的工作,史密斯教授他们是走在最前面的。

1997年底,史密斯教授应邀到广州介绍他的旅游评估方法。那是他第二次到中国,到广州却是第一回。他不像很多西方人那样对中国菜既喜欢又抱保守态度，而是越偏门的东西越想试；一般西方人避之唯恐不及的动物内脏他敢吃不说，一听西方人不会想到要吃的蝎子等东西就两眼放光，一试方休。几天下来，他便痛感加拿大中国餐馆的菜不地道，之后又担心回去后到中餐馆会没有了以前的好感。

我们很快就跟史密斯教授相熟起来，他要我们以他的名字史蒂文来称呼他。史蒂文其实是美国人，在美国接受完高等教育后，决定到加拿大工作几年，没有想到自己会那么喜欢那里的工作和生活，20多年来竟没有离开。一般人都从加拿大往美国走，史蒂文却反其道而行之，这么多年来，已经说不清自己是哪里人：在美国时觉得自己是加拿大人，在加拿大才觉得自己是美国人；好在两个国家是近邻，可以让他频繁地来回找感觉。

史蒂文说他过去的研究集中在加拿大，今后要慢慢走向世界，中国将是首选的国家，因为中国既是做研究的好地方，又可以让人大饱口福。

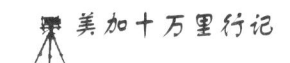

另一个在旅游研究方面颇有建树的学者也是身在加拿大的外国人。巴特勒的名字对于搞旅游研究的人近乎如雷灌耳。因为他是提出旅游地生命周期理论的第一人，他的论文在1981年发表后，到现在仍是全世界学者关注和争论的焦点。仰慕他的中国学生也很多，目前他门下已有两个中国博士研究生。

巴特勒教授在加拿大西安大略大学任教多年，最近又回到英国的一所大学任教。大概落叶归根的感觉是人类共同的情感吧。

巴特勒教授本计划1997年到香港开会，并已接受到中山大学讲学的邀请，由于夫人突然住院动手术而未能成行。失望之余，他自我安慰说，好事多磨，总有一天他会到中国来。

会的，杰弗里来了，史蒂文来了，莱尔、巴特勒也会来，不仅因为中国是5000年的文明古国，而且它高速发展的旅游业需要更多的专家来出谋划策。

35 我的房东

租过房子的人都说没几个房东是好人,很幸运,我的第一家房东就很好。

到美国后一口气租了一周的旅馆,以便能好好找房子。我既不想跟人合住又付不起太高的房租,所以打了好些电话都没找到合适的地方,好不容易有一家让我有足够的兴趣去看房子的,但一见要自置家具我就泄了气。眼看一周就要过去,学校也快要开学,我仍无处安身。

顾影自怜一番后,我振作精神给房东太太金打电话,打算委屈求全地把房间租下来,却发现自己只是6个候选人之一,语气不禁悲切起来。房东太太听说我是刚到美国的海外留学生,马上安慰我说,她也到国外留过学,知道无依无靠的滋味,她会尽量把房间租给我。

第二天再打电话,金告诉我,过5天我就可以搬过去,我说我在旅店住得很不方便,她当即说我可以提

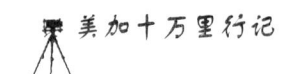

前搬，只是他们也是刚搬家，照顾不周之处请我原谅。

金和丈夫迪克买下的是全城第三大房子，门口典雅的白柱使房子看上去像宫殿一般，后院有个游泳池。3层楼里有大小16个房间，据说前一个房主在那里养了10个孩子。我住的三楼有自己的厨房、厕所，我走的后门他们极少用，所以，除非时间碰得巧，否则我和他们见不着面。

金和迪克都喜欢聊天，我放学回家不时会在院子里见到他们，往往一谈就是半小时。慢慢我就知道，他们都在市政府做事，迪克是交通部门的负责人，金是医学方面的律师，他们同居了10年，为减少开支才结了婚。如果他们不说，我是绝看不出迪克比金大16岁的。两口子很恩爱，迪克处处让着金，家里做饭主要是他。一到傍晚，迪克就在厨房里大动干戈，手拿菜谱，面对一大堆调料，不厌其烦、精益求精地调配，有时精工细作到晚上10点才开饭。迪克对修修补补情有独钟，只要在家，就永远放着装修房子方面的录像。要是我在楼上出了问题，他便逮住实践机会忙上忙下。

金是个很细致的人，凡节假日都会给我写个小贺卡，贴在我们用来交流的小黑板上。有两次我请他们吃饭，金都带去包装得好好的小巧礼物。后来他们也请我吃饭，一人一只大龙虾，还做了稀有的黑蘑菇汤。我一看那顿饭的阵容很强，便声言要再请他们一顿，迪克说按他的记录他们还欠我一顿，于是两家人比赛似地互相请了一年。

真正和房东近乎起来是在我搬走以后。暑假后我刚回到美国几天，金打来电话，祝我生日快乐。我吃惊极了，问她怎么会知道我的生日，她说去年我到他

我的房东

们家的第二天和两个朋友出去吃饭,回来时碰到她,告诉过她那是我的生日。"到我们家来吧,我为你做了顿生日饭。"身在异国他乡,有人能记住自己的生日并为你庆贺,实在是一件很温暖的事。

从此,我和前房东一家每几个星期就会聚一次。半年后,我先生要来了,那天下午我放学回家,电话留言里是金的声音,她说她记得那天晚上我先生要到,如果需要的话,他们可以送我到机场接机。没想到她竟能记住我一个月前告诉她的小事,令我很是感动了一阵。

我之后的房客很不守规则,令金头疼不已,所以每次聊天,他们都会怀念我在的时候;金还告诉我,当初她知道我住在旅馆时,同情得差点要开车去接我。我的第二个房东很唯利是图,让我诸多不满,我这才知道迪克和金是很好的房东。

有一次,我新住处的洗澡池堵起来了,我打电话问住得不远的迪克怎么解决问题,他马上就提了两种液体过来,很在行地往池里灌了一气。见作用不大,又到附近的朋友家借来工具,结果还是无济于事,迪克觉得很抱歉,好像池子是因为他才堵的。他向我保证当晚一定搞好,然后到商店里买了一瓶效果更佳的液体,一古脑倒了半瓶,并让我每隔一小段时间再倒一点。晚上又打来电话,我说已经通了他才松了口气。

"你已经不是我的房东了,瞧你那份操心。"我开玩笑地提醒他。

"但现在我是你的朋友啊!"他振振有辞。

2年后我毕业了,打算开车在美国兜一圈,并搬到另一个城市。"可惜了,你这一走就看不到我们的孩子了。"怀孕8个月的金说。

很大程度上是因为这个原因,我决定旅行结束后先回到奥尔巴尼。再次见面时，这对为人父母刚7天的夫妇带着倦意讲了一堆孩子的故事。我深知带孩子的辛苦，很快就告辞了。回国前，我决定回奥尔巴尼一趟，迪克和金马上邀我住到他们家，"你该知道，我们家里永远有你一间房。"迪克说。

知道我马上就要回国，迪克和金为我们这次见面录了像，他们的女儿已经半岁，漂亮可爱，爱煞了两口子。"她很喜欢旅行呢，等她会说话了，我们就带她去中国玩。"迪克说。"本来迪克已经不打算到国外旅游了，因为你的缘故，我们决定去一趟中国。"金在一旁喜滋滋地说。

在我回国前一天，金打来电话道别。

"我会想你们的。"我说。

"我们也会想你的，那天你走以后，我才意识到下次见面就不那么容易了，不瞒你说，我还掉眼泪了呢。"

"离开奥尔巴尼以前我就哭过好几回了。"我坦白道。

"嗨，都别伤感了，我们会到中国看你的。"

"我也会回来看你们的。"我保证说。

"记住，我们家永远有你住的地方。"金叮嘱道。

我记住了，我的房东朋友。

36 比尔的故事

"你好，我叫比尔。"第一节下课，一个学生用跑调的中文对当助教的我介绍说——这是一门中国概况课。

"你好，你的中文不错呀！"我宽容地说。

"Sorry, I don't understand."（对不起，我听不懂）。"比尔马上全面撤退，说那是他能讲的唯一一句中文。

"你对中国感兴趣吗？"

"我先是对日本感兴趣。我嫂子是日本人，日语里有很多中文，所以我很快对中国也发生兴趣了。"

比尔有一种倾诉欲，第一次和我说话的几分钟，就一股脑地把自己的简历告诉了我：祖籍是犹太人，今年35岁，16年前以令人难堪的成绩毕业于这所学校的政治系。以后在政界激进了几年，又在当地的广播电台当过记者及节目主持人。随后为一份地方报纸当了6年记者，但总觉得没有找到自己的兴趣。最近终于发现自己想当老师，于是打算念研究生，但学校看了他过去的成绩不满意，要求他在指定的几个系补6门课，

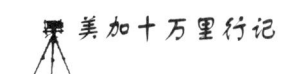

于是他从今年起半工半读。

任课的教授是英国人,在教学方面继承了英国地理学派注重实地考察的传统,所以这门课的一个自选项目是中国南部考察。比尔犹豫不决地问我该不该参加。

"瞧你这副样子,好像不是美国人的性格嘛。"我奚落他。

"你不知道,这个月来我有多失魂落魄。我父母相继去世,我的恋人又离我而去。现在我干什么都提不起精神。"一时间,比尔那很深的眼睛里扑闪着痛苦。

"那你就更应该去了,中国跟美国很不一样,去一趟,你的生活会从此改变。来这个世界不容易,何不多到处看看?"我同情而鼓励地说。

"行,凭你这些话,我决定去了!"

"你不会后悔的!"我说。

转眼到了期末。20几个人组成的考察小组整装待发。行前教授特地搞了几次小型活动,好让学生们加强了解,适应将要开始的集体生活。几次活动下来,比尔的名声出现危机。多数人觉得他话太多,太爱用不同语言卖弄那几句礼貌用语。比尔则觉得这帮20岁上下的"小孩"不懂事,"我和他们哪个都合不来,"比尔对我说,"不过,我不在乎,他们还小呢!"他一副过来人的样子。

一路南行,比尔很快因为这样那样的原因把所有人都得罪了,他却好像没事人似地自得其乐。每到一处,他都想方设法跟当地人聊天,最大限度地用着我教给他的十几句日常用语,加上比划和英语,居然每天都有不少新发现。看得出,他真地对一切都感到新鲜。

比尔会不时对我说，"瞧那男孩多可爱。"他告诉我他是同性恋，我有点惊讶地看着他。"别那样看我，我又不是怪物！"比尔抗议道，"我跟你一样正常，只是我喜欢同性而已。"

"我才不把你看成怪物呢，我只是惊讶你会主动告诉我。"

"那是因为我信任你！"

"谢谢你，比尔。"

比尔终于把我也得罪了。有一天我们参观一家乡镇企业，比尔问起工人的工资，然后又问管理人员的收入。我拒绝给他翻译。"现在中国人也讲隐私，不喜欢谈自己的收入。"我说。

"这是我的问题，你翻译就是了。"比尔坚持道。

"问了人家也不会告诉你，何必搞到双方都尴尬呢？"

"我总有问的权利吧？"

"比尔，你想想，你在美国也会这么问吗？"

"作为记者，问这些问题是正常的。"

"别忘了你现在不是记者！"

其他对比尔早有看法的学生不满了，"别理他，你不翻译就是了。"

"你应该尊重我，如果对方不愿讲我接受，但你不该不给我翻译！"比尔紧咬不放。

我瞪着他，"我知道你有理，但我再告诉你一遍，这问题不合适！"我很不情愿地替他问了这个问题。如我所料，厂方含糊其辞。

"满意了吧？人家无可奉告！"我有点幸灾乐祸地说。

"我接受，谢谢你！"比尔有点悻悻然。

当天开晚会,比尔扭着70年代流行的舞步,在我面前做了几个小丑动作。"我是来道歉的。其实我理解你为什么不给我翻译,我并不是故意为难你。"

"你不必道歉,其实我也理解你。换了我,我也会想那么问的。"

"我只是想让你知道,别人不喜欢我无所谓,但我不希望你也恨我。"

"不会,我又不是小孩。"我望着他,笑了。

"真的吗?"比尔像小孩一样笑了,上来震天动地地吻了我一下。

考察结束后,比尔和另一个同学上北京,我间接地帮他找了个北京大学的学生当导游,他千谢万谢地上了路。在美国重新见面时,他像见到亲人一般对我大呼小叫,眉飞色舞地讲故宫、长城,说中国人如何热情,只恨自己的中文不行;说已经决定学中文,明年夏天再到中国。他对讲中国概况的教授很感激,说他不但书教得好,而且还花那么多精力组织这种考察,让他大受裨益,光冲这一点他又选了教授新开的一门课——美籍亚裔。发现我又是这门课的助教,就欢天喜地地拍着我的肩膀直唤我是他的"中国朋友"。

比尔的一句口头禅是:"想做什么就去做,这是美国。"有个英籍教授在美国呆了25年,终于决定加入美国籍。比尔用心良苦地买了无数支美国小国旗,一顶用星条旗图案做的帽子,一面英国国旗,一面美国国旗,和一幅华盛顿像,悄悄地在教室各处贴挂起来。我对比尔说,"你真有心。"他笑笑,说,"入籍是件激动人心的事,我想让他知道我们和他分享这种喜悦。"

一天晚上11点多,我有急事要到机场寄特快专递，犹豫之下给比尔打了个电话，看他能否送我去一趟。比尔二话不说就来了。我再三道谢，他说这是朋友该做的事，并连连叮嘱我，以后需要帮忙一定找他。

"你一个人在这里，没车办事很不方便。我要没时间帮你，也会请朋友帮你的。别总觉得你欠了我什么，我知道开口请人帮忙很难，但你也要记住，你能请我帮忙，我就很高兴，因为你把我当作朋友。"

有一天我问比尔能不能两天后的下午去接我的车，他说他刚好要出门，但他会让朋友接我。我把他的朋友的电话号码记下来，以便到站后打电话。不料回来后打电话没人接，于是叫出租车回到家。

一个多小时后电话铃响了。"嗨，你回来了？"是比尔急切的声音。

"是啊，你没出门吗？"

"我改变了计划，决定呆在家里看书。我想给你个惊喜，就和朋友到车站等你，等了一个多小时，也没看到你的影子，我们一定是错过了。"

"真不好意思，让你花了这么多时间。"

"嘿，这又不怪你，我们坐在咖啡厅，聊得挺高兴的，只是你自己回家让我过意不去。"

比尔学中文很卖力，每次见到我都憋足了劲去用刚学到的词句，只是语调总有问题，间或怪声怪气到我根本听不懂。他往往和我一起大笑一通又练发音。有时他听懂了我和其他中国人谈话中的几个词，就激动地要和我核对，"啊哈，中文对我来说再也不那么陌生了！"他得意地说。

期末考试，比尔的中文得了A⁻，为此他足足激动了一个多小时。"中文实在太难，好几次我都不想学了，最后总算坚持了下来。这个成绩来之不易啊！"比尔反

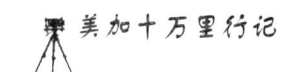

复地说着这几句话,"下学期我继续修中文,明年夏天我就能跟中国人交流了。"比尔神往地说。

在带着不光彩的低分离开学校17年以后,比尔连续拿了两个学期的A,很自豪地把自己称为"成熟起来的学生"。我说我觉得他是个很有意思的人,想在中文报纸上写写他。他很高兴,说,"我感到荣幸,别忘了把文章给我一份,我慢慢会读懂它的。"

在这里想告诉比尔,刚认识他时,我和不少人一样,觉得他怪怪地不好接受;但在慢慢了解他以后,我禁不住为有他这样一个朋友而庆幸。

37 不分不离的两口子

认识凯西和戴维两口子纯属偶然：我的一个朋友某天一时冲动想去阿拉斯加，决定到沿路看见的第一家旅行社打听情况，于是就在凯西和戴维的夫妻旅行社停了下来；谈完阿拉斯加后，我的朋友眉飞色舞地讲起去年到中国的经历，见两夫妇很有兴趣，就建议他们给我先生打电话，因为他是做旅游研究的。

就这样，凯西和戴维与我们联系上了，第一次见面在他们的旅行社。寒暄了几句，他们就开始问中国的旅游情况，先生是云南人，又跑了中国不少地方，说可以给他们放点幻灯，两口子高兴极了，又不太相信地问，"你真的不介意这么做吗？"毕竟我们才刚刚认识，如此中国式的热情是美国人不敢奢望的。

"当然不，我们很希望你们能多了解中国。"

"太好了，那就到我们家吧，先吃点便饭，然后再看幻灯。"戴维此举也大破美国人不轻易邀请生人到家里的习惯。

我们定好下一个星期二到他们家。戴维说的那顿"便饭"在美国人来说是很客气的，凯西在厨房里忙活，戴维在院子里烤肉，端上饭桌的东西包括他们打猎带回来的鹿肉。凯西说，他们住的房子是她父母的，两个老人退休后买了辆旅行房车游美国，冬天到南方，夏天到北方，一年只回来小住休整，所以她和戴维就省了买房子的一大笔钱。她的父母是养牛的农场主，父亲还喜好打猎，所以，家里有一间房子挂满了动物头部的样本，地上铺着一张熊皮，都是他在世界各地的"战绩"。

凯西的家离市中心只有30分钟车程，但已经是农村，周围除了她弟弟的房子外看不到别的住家。美国

147

的农村很幽静、清洁，生活质量比城市要高，所以说起谁住在乡间，那就说明谁家底丰厚，但凯西强调她只是托父母的福才住那里。她带我们参观各个房间，只见它们颜色不一，原来他们兄弟姐妹四个曾分住在黄房间、蓝房间、绿房间、粉红房间……

戴维说难得看一次中国的幻灯，所以把凯西一个弟弟、一个妹妹的全家也叫了来，他们带来好几样菜，4家人热热闹闹地吃了个欢，放幻灯时已经9点了。一口气看了云南的一些少数民族风情和沿海地区的自然、人文景观，半夜方休，看得他们直说以前对中国所知甚少。临走时我说可以给他们做一顿真正的中国菜，戴维马上叫好并建议下周就吃。"你们不会笑我吧？我这人很贪吃。"他略有点不好意思地说。

从那一周起，两家人每星期见一面地你来我往，有时打高尔夫球，有时看中国电影的录像带，有时他们请我们到外面吃饭，然后到他们家的按摩浴缸泡澡——凯西和戴维都很喜欢旅游，自己开旅行社以前三天两头地满世界跑；一年前他们自己另开炉灶后，忙于创牌子、建立信誉，咬牙切齿地打算前3年不到外面跑。这实在难为了习惯于不时出游的他们，他们最想得厉害的是很多旅游点都提供的按摩浴缸，尤其是池中位置不一的喷头出来的水给身体各部位的特殊按摩。后来实在憋得慌，索性花6000美元在家里的外走廊装了个功能齐全、能坐5个人的按摩浴缸，每天下班都泡上一会，这才有点安下心来。

凯西和戴维都已步入中年，凯西比戴维还要大5岁，两人没要孩子，却养了4只猫，一问才知道它们以前都是游荡在院子里的无家可归者，他们看着不忍才收留了它们；好在猫是独立性很强的动物，所以也没占去他们太多时间。像这个年代的很多人一样，凯西

不分不离的两口子

和戴维同居了好多年才结婚。两人性格都非常开朗，戴维更是爱开玩笑，有一次我半认真地问，"你们俩干什么都在一起，不会吵架吗？"

戴维哈哈一笑，"嘿，你这么一说，我才发现我们几乎是每分钟都在一起：一起上下班、一起工作、一起吃饭、一起泡澡、一起睡觉，居然不吵不闹地过了这么多年。"

"否则我怎会嫁给你？"凯西在一旁笑得很开心。

跟他们的每周约会进行了7次，我们就要离开奥尔巴尼了。彼此都相见恨晚，又都认为已经最大限度地利用了时间。"我们毕竟是开旅行社的，不论你们去哪儿，我们都可以去看你们。"戴维的话使离别变得容易很多。

我的行李要慢一步走，所以临走那天凯西和戴维开着他们的货车来回跑了两趟，把我的全部家当运到他们家。"你们放心走吧，行李什么时候拿走都行。"

我到了芝加哥后，通过电话和他们保持着密切联系。有一天，凯西神秘地说，"我们准备到芝加哥看你！""这可是很大的面子啊，你知道，我们已经一年多没有远行了。"戴维添油加醋地说。

"真的吗？你们怎么走得开呢？"我不相信。

"我们刚雇了个人，打算星期五下午走，星期天早上回来——告诉你，我们到你那里庆祝生日。"凯西忍不住泄了密。原来，他们俩的生日只差5天，所以总是选一个中间日子来庆贺。"我们会订一个有按摩浴缸的酒店，请你们和我们一起住两晚。"她补充道。

我们去机场接到他们时，戴维受宠若惊地说，"以前我们出去玩从来都没人接，这回可省心了。"那一

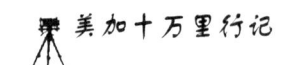

天半里，我们几个在一起不是吃喝就是聊天游玩，其中我请他们在唐人街吃广东早茶，对他们唯一的要求是每样东西都要尝一点。我先点了一些他们肯定能接受的点心，然后要了猪红、凤爪等一般美国人从没想过要吃的东西，凯西吃得一副任人宰割的样子，戴维则是很壮烈的形象，嘴里还硬着，"味道不错，就是让人的联想不好。"

"是啊，只要思想解放一点，你的口福就大很多呢！"我奚落他。

"可是，面对鸡爪子，我就不由自主地去想那双脚都到过些什么地方。"戴维苦着脸说，并正儿八经地把喝茶的部分"实况"录了下来。

晚上，两夫妇拿出给我们的礼物：3件印着我们4个人合影的T恤衫——那是戴维用刚买的彩色打印机搞的"创作"。"你们和孩子一人一件，这样你们就不会忘记我们了。"戴维说。

临离开美国前，凯西和戴维力劝我回一趟奥尔巴尼，"下次见面就没那么容易了。我们去看过你了，你也该来看看我们呀。来吧，我们包你的路费。"戴维软硬兼施。

于是像回家一样去了奥尔巴尼，凯西把我安排在她孩童时住的绿房子，又给我一个祖传的小铝碟子，"这是我祖母留下来的，我们几个兄弟姐妹分着保存。给你一个，你就成我们中间一个了。"

"她是怕你忘了我们，我说你忘不了，顶多过一年，我们会专程到中国，提醒你别忘了。"戴维又在开认真的玩笑。

怎会忘记，你们这日夜相守的两口子。

38 读书不分先后

  凯瑟琳在本科生中要算引人注目的一个，尽管她把头发染得像年轻人的一样，她脸上众多的细密皱纹却毫不留情地泄露了秘密——但至少有50岁了。我注意到，每次上课她都最早到，后来才知道她家住得远，她怕路上堵车迟到，总是提前半小时出门。

  凯瑟琳平时不太爱说话，我跟她熟悉起来是因为她修完"中国概况"后参加了任课教授组织的中国南部实地考察。同行的十几个学生都是20岁上下的年轻人，教授和当助手的我都担心凯瑟琳会不合群，没想到她很快以随和、大度被所有人接受了。旅程过半时，她鬼使神差地往家里打了个电话，挂上电话就决定提前回家。

  "非得提前走不可吗？好不容易来一趟，再有几天就结束了。"我试探地劝她。

  "一定要回去，我儿子要离婚了，我得赶回去见孙子一面。离婚后他的母亲会马上把他带到波多黎各，以后我什么时候再见到他就说不准了。父母离婚，遭罪的是孩子，我回去虽然起不到扭转乾坤的作用，但至少可以当面跟小孙子道别，再对他说一声我爱他。"凯瑟琳的眼圈有点红了。

  见她那么坚决，我只有马上为她买去香港的车票，第二天把她送上了车。暑假后我回到美国，凯瑟琳专门来看我，我问她儿子的事怎样了，她说年轻人的事做父母的管不了，她能做的只是给孙子带去一点爱。她很感谢我在中国给她的帮助，说等我先生到美国时要请我们吃饭。她还说很佩服我，一个人离开家到一个语言都不同的异国读书，令她觉得自己读书再难也应该顶过去。

原来凯瑟琳中学毕业不久就结婚了,接着就是生孩子、带孩子,孩子长大后就在丈夫的消防器材公司象征性地上上班。就这样一下子过去20多年。现在经济宽裕了,孩子也自立了,先生鼓励她上大学,这是她一直想做的事,于是在50岁将至时重返校园,成了比谁都如饥似渴的学生。

"现在的人比我们那时幸运多了,但他们不懂得珍惜好条件,以后我想当中学老师,给年轻人一些好的影响。"凯瑟琳设计着自己的将来。

我先生到美国后,凯瑟琳和先生马丁第一时间请我们吃饭。马丁是个很有风度的公司老板,他说他很喜欢和凯瑟琳在学校交的朋友聊天,因为这使他想起自己的学生时代。两口子见我对美国文化很感兴趣,就请我们参加一个朋友家的聚会。

原来凯瑟琳他们住的那个区曾经比较边远,邻里们就每星期小聚一次活跃社交生活。日子长了,有的人搬了家,有的人忙于家事,大家不再热衷于相聚,只有包括凯瑟琳、马丁在内的5家人成了好朋友,每年除了圣诞节外,他们还有一次轮流在各家举行的聚会。我是他们这么多年的聚会中唯一的局外人,令他们的谈话有了新的内容。我对他们的活动能坚持17年表示羡慕,他们很自豪地说,在某种程度上彼此比亲戚还要亲,女的在一起谈子女、谈烹调、谈服饰,男的谈工作、谈政治、谈体育。每次聚会的主食多由主人家负责,各家另带点拿手的菜式和好酒,轻松愉快、如同家庭聚会。

继那次别开生面的聚会以后,凯瑟琳家里又有大动作——女儿结婚,这在美国跟在中国一样,仪式可大可小。凯瑟琳和马丁都很疼女儿,家里也还有点钱,于是决定搞个120人的婚礼。我和先生是婚礼上唯一的亚洲人,凯瑟琳在忙里忙外之余总要来跟我们匆匆说几句,又把自己的几个好朋友介绍给我们。言谈话语之中大家都夸凯瑟琳,说她无论跟什么人在一起,老的、小的、读书的、做生意的,都会喜欢她。那3个朋友中,有2个是外州来的,还有一个是从法国专程来助兴的。

凯瑟琳和马丁一儿一女,有意思的是,他们给女儿取名凯瑟琳,儿子当然就叫马丁了。两夫妻光想着照顾自己的情绪,却从此带来了家里人称呼的麻烦,于是又编出一套外号、别称。他们家养了一条貌似狼的大狗,马丁每天带着它上班,好在公司是他自己的,否则不可能人狗同进办公室。那狗倒也知趣,没有利用主人的特权横行霸道,到了公司来回走上一圈跟员工打个招呼,就往马丁的办公桌下一躺,鼾声如雷地睡去。马丁承认,这种与狗同行的习惯是儿女离家后养成的,这多少弥补了当父亲的失落感。凯瑟琳告诉我,自从她和马丁有孩子后,他们就没有同机旅行过,顶多是一前一后坐两班飞机走。他们还早早写了遗嘱,一旦发生意外,孩子们的生活也有个依托。如此为人父母,实在是无可挑剔了。

我离开奥尔巴尼去芝加哥前,凯瑟琳一定要我们到家里去做客,这还不算,走的那天又邀我们到他们的消防器材公司参观,中午专门要了中国餐让人送来,才算完成了告别仪式。回中国前,我梦魂牵绕地回奥尔巴尼,恰好当天要去新泽西的凯瑟琳懊悔万分,一查时间,又高兴地说至少她可以去车站接我,然后一起吃完午饭她再出发。

半年多不见的凯瑟琳理了个短发,显得比以前年青了。"哈,我还以为我们要好一阵才能再见面呢,看来用不着那么悲观嘛!"凯瑟琳乐呵呵地说。"从现在

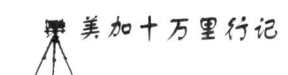

起的4个小时,我的时间都是你的了,想去哪儿?"
"那就去学校看看,还有我住过的地方。"我怀旧地说——奥尔巴尼毕竟是我在美国的家。

中午凯瑟琳把我带到全市最高档的海鲜馆,两人边吃边聊,家事、学习、对将来的打算,直聊得我忘记我们是来自两个很不一样的国度的两代人。最后,凯瑟琳拿出信用卡付钱,"你别跟我争,我用的是马丁的钱,所以这顿饭对我们来说都是免费的。"

临别,凯瑟琳让我一定给马丁打个电话,"他想请你吃饭,他现在对中国很有兴趣,你得好好跟他聊聊。"

第二天马丁请我吃午饭,刚坐进他的车,他的手提电话就响了起来,车里的摆设就像办公室,"你这么忙还出来吃午饭。"我过意不去地说。"嘿,别忘了我是老板,再忙也可以偷闲。"马丁打趣道。

"难得你还这么支持凯瑟琳去念书。"我说。

"过去的20多年她围着家务事转,现在该是我报答她的时候了。见她学得那么带劲,还交了像你这样的好朋友,我真替她高兴。"马丁欣慰地说。

"她很顾家,上次的中国旅行半途就回来了。"我还在为凯瑟琳惋惜。

"以后我会陪她再去一次。"马丁保证说。

"那太好了,我做你们的导游。"

我们去的是一家新开张的意大利餐馆,味道很不错,走出餐馆时,马丁说,"这馆子不错,以后我要带凯瑟琳来。"

看着马丁,我由衷地为凯瑟琳高兴,有这么个好丈夫的支持和陪伴,她生命的第二春一定会圆满、幸福。

39 妈妈，我爱你（代后记）

每每有人说起自己的妈妈是世上最好的妈妈时，我都会没有道理地对对方生出一点敌意来，因为我觉得我妈妈才是世上最好的妈妈。

记事起所看到的妈妈总是在外面忙，不是开会就是搞四清、拉练、下放，全是那个年代特有的"出差"形式。我和弟弟主要是保姆带大的。直到10多岁时，才弄清楚妈妈原来是大学老师，她读书期间正是中国与苏联老大哥从友好到反目的时期，所以他们那届大学生在学俄语和英语之间来回倒腾，最后成了两不像，在那个动荡的年代时而教俄语，时而教英语，更多的时候是什么也不教。

1976年以后，中国的教育制度逐渐走上正轨，我也比较懂事了，看到的妈妈不仅忙外，而且也要忙里了，因为那时我们已经不雇保姆。妈妈出身于一个工商业主和地主家庭，虽说不致于娇生惯养，但也绝不是可以迅速成为家庭主妇的人。她第一次做的菜是糊的——因为她不知道炒菜前要放食油。

我对妈妈的世界真正开始了解，是在大学恢复评职称和知识分子提工资的时候。妈妈对这两件事的态度和一般人截然不同，在名额有限、大多数人都想升职的情况下，妈妈却大谦其虚，连申请讲师的表格也不去领。但后来她发现自己的自知之明成为对她的不公正待遇的理由后，就理直气壮地站出来为自己说话，最终提了职称。为此，我很佩服她，我坚信她够当讲师的格，她备课那份认真是少有的：把课文分析得一清二楚不说，还设想学生可能提的问题，然后查书翻字典问人，加上她的耐心，学生没有不说她好的。我欣赏她自知，更欣赏她敢为自己说话。

提工资也是受名额限制的事，但妈妈的资历使她有必提无疑的机会。那时她在系里有一点行政职务，为了好做工作，她很随便就放弃了提工资的机会。但我认为她的决定更多的是因为她的善良，因为她说名额太少，很多应该提的人都提不到，我们家爸爸已肯定能提，她让出来可以让多一家人受益。许多人都不理解妈妈，我却为她自豪到现在。

妈妈曾边教书边当总支书记，妈妈教书的认真也用到了行政事务上，每天下班十有八九是边走边和什么人谈工作，往往走到家门口还要站着谈半天；身体不好的爸爸在家常常等得不耐烦，等她回到家时免不了说一两句带刺的话，妈妈总是谅解地径直走进厨房做饭。回想起来，我禁不住感到惭愧，那时我已经念大学，却还没能为妈妈分担家务。

我不想说妈妈很完美，但从我了解的一切来看，她至少是一个真正能为别人着想而不存一点私欲的人。她会不遗余力地为某个教师的房子一次次地跑房管科；会为某个教学辅助人员配偶的调动而东奔西走；会向有关单位力荐某个学习好而没有后台的毕业生；会在提高级职称时在水平相当的爸爸和他的同事之间选择后者⋯⋯这一切都可以说是妈妈理应做的事，但我敢肯定，很少有人能像妈妈那样全心全意地为别人谋利益而不想从中得到一丝好处，因为我知道绝大部分妈妈为之服务的人并不知道她所尽的力。

最最冤枉的一件事，是一个认为自己受了不公正待遇的教师给妈妈、爸爸和我分别写了匿名信，用极伤人的语言说妈妈的坏话，殊不知妈妈却是少数为避免他的不幸而作过努力的人。那天，我觉得像是有人把一块脏抹布硬塞给了我。我为妈妈抱不平，认为她应该去洗清自己，但妈妈说她不能那样做，一是因为那是纪律，二是那样一来那个教师就会恨其他人，而其他人作出那种决定也是有一定道理的。"难道你就让人这么误会下去吗？"我忿忿地说。"人是要经得起误会的。"妈妈平静地说。

我考大学那阵，妈妈有空就帮我复习英语。所谓有空往往是晚上10点以后，那个钟点常常是我们已经很疲劳的时候，妈妈提问题我回答，经常不是我就是她睡着了，彼此唤醒以后嬉笑一番又从头开始。好在我的高考成绩不俗，否则真是愧对妈妈的努力。

妈妈最艰难的，是我上大学、弟弟上中学、爸爸动手术的那段日子。为了不误一周6节的课，她安排好提前上课和推后补课；为了不影响我和弟弟学习，她一个人连续几个晚上在医院守护爸爸，白天回来为我们做饭、为爸爸做补品，间或还要应付那些找上门来要求她处理这样那样事情的人。当时我实在太不懂事，没有在妈妈最需要帮忙的时候为她做点什么，只是在其中一天出其不意地到医院给她送了一次饭，这小小的一件事给了妈妈极大的安慰，很久以后她还很自豪地对别人讲起它。

妈妈的另一个难关，是爸爸病重的时候。她既要照顾日益衰弱的爸爸，还要照顾我出生不久的儿子，心情之复杂、每天之劳累、感情之脆弱可想而知。我能做的，只是不断地告诉她，除了护理爸爸外，我们每一个人都要好好地活着，因为我们是他生命的延续。那时妈妈已退休几年，那些她关心过的外语系教职工纷纷来看她，给她精神上的支持。几个女教师还组织起来，每家一天地给爸爸做吃的。就这样，妈妈总算挺过了那段日子。

妈妈是个闲不住的人，在爸爸去世以后，她把所有的精力都花在了支持我和弟弟、尤其是我的工作上。没有多少带小孩经验的她，6年来硬是帮经常在外的我把儿子带大。凡是我作关系到前途的决定时，她总是那句话，"不用担心家里，一切有我。"朋友、同学都羡慕我，说他们的妈妈不可能为他们做出那么多牺牲。

由于历史的原因，妈妈那个年龄的人都没过过什么好日子，他们当中有些人自然而然地想把年青时的损失补回来，不再以儿女为中心；虽说也有乐于帮子女做点家务和带小孩的，但极少有像妈妈这样全身心投入的。

妈妈为我儿子做的最大一件事，就是决定让他学电子琴。儿子学琴时还没满5岁，招生简章上要求家长同去上课，以便课后辅导练习。妈妈告诉我，她在报名前一晚几乎没睡觉——没想到对音乐不怎么爱好的自己竟然会在64岁从五线谱学起、从最简单的指法练起！

一年多来，妈妈领着孙子苦练基本功；除了祖孙一同上课以外，她还时常请懂音乐的人辅导自己，然后再辅导孙子。有经验的人都知道，教小孩学琴是最艰难的一件事，我很难想象妈妈是怎样把指法、和弦等一系列我一窍不通的技巧教给注意力难长久集中的孙子的。总之，半年前我见到他们时，祖孙俩一坐在电子琴前就满口音乐术语，动辄哼出几首曲子。

近半年来，儿子一直在电子琴班上名列前茅。前一阵子，妈妈说她很犹豫是否继续参加高一级水平的班，因为这对他们俩都不是轻松的事。我没有表态，因为我实在没有发言权。很快，妈妈告诉我她报了名。我相信，妈妈知道我希望他们能继续学下去，更是为了孙子的前途着想。

去年暑假我回家为论文做社会调查，由于各类事情很多，快到回美国时还有不少访谈没有完成。妈妈为我着急了，在跟我做了一天访谈以后，连续几天分担了我的工作量，使我按计划完成了调查。从那以后，妈妈对我的研究有了更多的了解，开始注意我所关注的国内流动人口的信息，并不时地为我复印有关资料，还在来信中再三告诉我，她完全可以多花点时间为我收集材料。

妈妈从来不是怕死的人，但现在她开始珍惜自己的生命，她说她意识到她的健在会给我们带来不少帮助。我觉得妈妈一直以来得到的太少，几年前就开始强行让她学会享受生活——过去的几十年里，她像许多人一样习惯性地过着艰苦、节约的生活。我会为妈妈买她不舍得买的衣服和食品，会鼓励她出去旅游；只要我有的东西，我就希望妈妈也有。

我是个不信命的人，前些时候抱着好玩的心理请一个朋友用八卦算命，结果其中一点是说双亲中有一人长寿——爸爸既已不在世，那就是妈妈了。如果我对其它说法有疑问的话，对这点却坚信不疑。妈妈是绝对应该长寿的，在为别人着想了一辈子以后，她至少应该享享儿女的福了。

我时常跟一个见过妈妈几次的美国朋友讲起妈妈，他对妈妈很敬佩，常说妈妈是他认识的最善良、最富于牺牲的知书达理的母亲。作为女儿的我，体会只能比他更深。我曾对朋友说，"我最欣赏西方文化的其中一点，是亲人、朋友彼此能很自然地说'我爱你'，我一直想对妈妈说这句话，但中国人不兴说这个，只是通过间接的方式来表达同样的意思。"朋友听了很替我着急，"你应该赶快对你妈妈说。别的方式归别的方式，说归说。"我觉得朋友的话很在理。于是，在远离妈妈的美国，借着太平洋之风的吹送，我说出了长久以来想说的话：
"妈妈，我爱你！"

心愿

美加十万里行记

THIRTY THOUSAND MILES IN THE UNITED STATES AND CANADA

凯瑟琳女儿的婚礼（美国）

惊心黄石

美加十万里行记

THIRTY THOUSAND MILES IN THE UNITED STATES AND CANADA

作者工作照（黄石公园，美国）

黄石公园老忠实泉在喷发中（美国）

黄石公园大峡谷（美国）

伟业

美加十万里行记

THIRTY THOUSAND MILES IN THE UNITED STATES AND CANADA

西雅图的微软公司总部（美国）

芝加哥的麦当劳总部（美国）

流浪

美加十万里行记

THIRTY THOUSAND MILES IN THE UNITED STATES AND CANADA

西尔斯大厦下的卖唱者（美国）

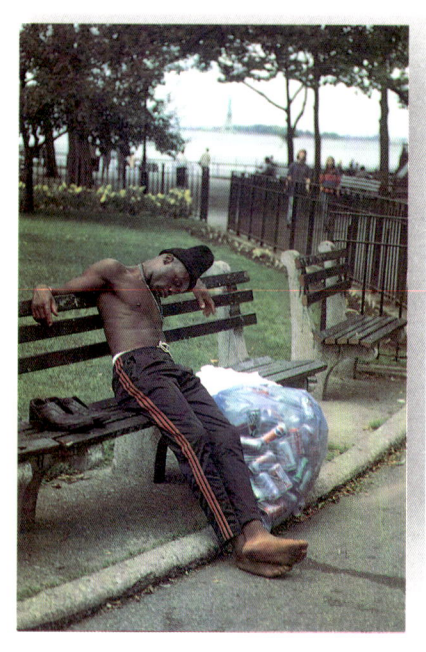

自由女神下的流浪者（美国）

友谊

美加十万里行记
THIRTY THOUSAND MILES IN THE UNITED STATES AND CANADA

在米切尔教授家中（美国）

作者与米切尔教授（美国）

作者与沃尔教授（加拿大）

友谊

美加十万里行记
THIRTY THOUSAND MILES IN THE UNITED STATES AND CANADA

作者与金和迪克（美国）

作者与凯西和戴维两口子（美国）

历史再现

美加十万里行记

THIRTY THOUSAND MILES IN THE UNITED STATES AND CANADA

存于西点军校的人类首批三枚原子弹之一（美国）

1942年12月，费米教授在芝加哥大学主持建造的世界上第一座原子反应堆。诺贝尔物理学奖获得者杨振宁、李政道，中国原子弹、氢弹"两弹"元勋邓稼先先后就读于芝加哥大学物理系 。（美国）

生命之源

美加十万里行记

THIRTY THOUSAND MILES IN THE UNITED STATES AND CANADA

尼亚加拉大瀑布 （美国、加拿大）

密西西比河 （美国）

童真

美加十万里行记

THIRTY THOUSAND MILES IN THE UNITED STATES AND CANADA

不怕人的小动物 （加拿大）

温哥华儿童 （加拿大）

战争 和平

美加十万里行记

THIRTY THOUSAND MILES IN THE UNITED STATES AND CANADA

华盛顿D.C.的越战纪念碑由华裔Maya Ling女士设计（美国）

温哥华市民抗议魁北克独立（加拿大）

美国妇女康塞普赛昂·皮奇奥托从1981年8月1日至今在白宫对面宿营,宣传和平、反对战争（美国）

风景

美加十万里行记

THIRTY THOUSAND MILES IN THE UNITED STATES AND CANADA

千岛的游船 （美国）

秋 （加拿大）

蒙特雷的迎客松 （美国）

季 节

美加十万里行记

THIRTY THOUSAND MILES IN THE UNITED STATES AND CANADA

秋 （加拿大）

冬 （加拿大）

维多利亚的布察特花园（加拿大）

落叶知冬凌

美加十万里行记

THIRTY THOUSAND MILES IN THE UNITED STATES AND CANADA

秋 （加拿大）

高山滑雪 （加拿大）

摇 篮

美加十万里行记

THIRTY THOUSAND MILES IN THE UNITED STATES AND CANADA

哈佛大学（美国）

加州大学伯克利分校（美国）

麻省理工学院（美国）

摇篮

美加十万里行记

THIRTY THOUSAND MILES IN THE UNITED STATES AND CANADA

斯坦福大学 1997年诺贝尔物理学奖获得者之一、华裔朱棣文教授在该校任教（美国）

华盛顿大学 （美国）

THIRTY THOUSAND MILES IN THE UNITED STATES AND CANADA

美加十万里行记

撰文：戴 凡　摄影：保继刚

商务印书馆出版
(北京王府井大街36号　邮政编码：100710)
新华书店总店北京发行所发行
广州艺美·新锦龙印务有限公司印刷
(020-84355189　81812396)
ISBN 7-100-02669-5/Z·25

1998年10月第1版　　　开本 889×1194 1/32
1998年10月广州第1次印刷　字数 117千字
印数 1—5000册　　　　印张 5.375 彩插 17

定价：32.00元